Hermann-Josef Weidinger
Weihnachten mit dem Kräuterpfarrer

Brennende Herzen

Liebe Leserin, lieber Leser! Denken und Handeln, das sind zwei Tätigkeiten, die jedem von uns aufgegeben sind ein Leben lang.

Draußen in der Natur ist es ruhiger geworden. Vieles ist in den Pflanzen zum Stillstand gekommen. Auch unser Tun, unser Handeln hat sich in das Haus, in die Wohnung zurückgezogen.

Der Adventkranz läßt mit seinem Grün Hoffnung aufkommen und Besinnlichkeit in uns entfalten. Woche für Woche wird es heller im grünen Kranz. Unsere Erwartung lebt erneut auf. Und dies täglich mehr auf unserem Weg zum Licht in der Heiligen Nacht.

Ein Licht, das über den begrenzten Rahmen unseres irdischen Lebens hinüberstrahlt ins nie endende Sein der ewigen Glückseligkeit.

Der Kirschbaum hat sie uns geschenkt, die Barbarazweige. Unser Blick ist gefesselt von der befruchtenden Kraft der in häuslicher Wärme sich prall füllenden Knospen. Bis sie schließlich am Geburtsfest des Herrn aufbrechen und unseren staunenden Augen ihr beseligendes Blühen schenken.

Zieht Sankt Nikolaus durch die Lande, so beglückt er die Seelchen der Kleinen. Und auch in unser aller Herzen kehrt Vorfreude auf das Weihnachtsfest ein.

Stimmungen schweben durch die Luft, segeln langsam herab. Es geschieht das, was sinnbildlich in einer alten Legende zum Ausdruck kommt:

Unter den Hirten, die in der Heiligen Nacht zur Krippe kamen, war auch ein armer Knabe. Er hatte nichts, was er dem göttlichen Kinde hätte schenken können. Aber auf der Schalmei konnte er spielen wie nicht bald einer. So blies er denn dem neugeborenen Kind ein wunderschönes Liedlein vor. Und er kam jeden Tag wieder. Immer herzinniger und feiner klangen seine Weisen. Als aber die Könige des Morgenlandes eintrafen, verlor er ob der geschauten Pracht den Mut.

Da sprach die Jungfrau Maria: „Nur die Liebe gibt der goldenen Pracht der Könige ihren Wert. Und Liebe hast du auch. Sie brennt ja in deinem Herzen. Darum spiele nur das Lied, wir hören mit Freude zu."

Der kleine Hirte spielte wieder, noch schöner als zuvor. Und das Jesuskind lächelte ihm gar freundlich seinen Dank entgegen.

Menschenherzen können leicht versteinern.

Gott der Herr sagte: „Ich bin gekommen, um Feuer auf die Erde zu werfen. Wie froh wäre ich, es würde schon brennen!" (Lk 12, 49)

Bruder, Schwester! Lassen wir uns doch von der göttlichen Liebe entflammen. Der Feuerstein ist das Kind in der Krippe. Möge es unsere Herzen entzünden auf dem Weg zur ewigen Weihnacht.

Mater dolorosa

Hochgewachsen, spindeldürr der Körper, blaß das Gesicht. Der Zehnjährige bemüht sich angestrengt, einen vollen Häfen vom Stubenherd zu ziehen.

„Rudolf, loß 's bleib'n! Schau, i hilf diar schon."

„Um Gott's wülln, na. In dein' Zuastand, Mutta! Do dearfst d' jo nix meahr Schwares heb'n."

Die Mutter gibt dem Buben recht. Sie setzt sich auf einen alten hölzernen Sessel und sinnt so ihrer Lage nach. Ihr mageres Gesicht mit dem blonden Haar, das sie locker offen trägt, fällt auf. Trotz der eingefallenen Wangen und der müden Augen läßt sich eine ländliche Schönheit nicht auslöschen.

„Jo wonn hoilt da Kumma nit wadat", sagt sie und schließt dann für einen kurzen Augenblick ihre hellen braunen Augen.

Da meldet sich ihr Bub Rudolf wieder, der vom Stall zurückkommt. Dorthin hat er den vollen Häfen mit den gekochten Futterrüben getragen.

„Mutta, i hob abg'füttert."

Die Bäuerin steht auf, nimmt ihn in ihre Arme. Rudolf gibt sorgsam auf den Bauch der Mutter acht.

„Wonn kriag'n ma denn wos Kloans?"

„A Monat long derschaff' i's nit meahr."

Und die hochschwangere Frau beginnt still zu weinen. Rudolf aber kann die Gedanken seiner Mutter nicht lesen. „Mutta", sagt er, „wos sinnierst denn du schon wieda? I loß di alloa und geh daweil Aufgob'n schreibn."

Noch einmal durchlebt die Frau einen bestimmten Tag. Es war nach Ostern, als ihr klar wurde, daß sie schwanger war. Sie schrieb es ihrem Mann, der in Wien in der Roßauerkaserne im Ersten Weltkrieg Militärdienst versah. Er betreute die eingestellten Pferde der Kavallerie, die aus dem Felde zurückkamen.

Wenige Wochen später erhielt ihr Mann Kurzurlaub und ging mit seiner Frau von Riegersburg über die südmährische Grenze nach Frain an der Thaya zum Arzt. Es war ein Weg von sieben Kilometern.

Und das Ergebnis der Untersuchung?

Die Frau dürfe das Kind keinesfalls austragen. Sie litt nämlich an einem starken Gebärmuttervorfall. Deshalb stellte ihr der Arzt ein Gebräu zusammen. „Und ist die Leibesfrucht abgegangen", sagte er, „dann müssen Sie noch einmal kommen."

Sie kam aber nicht wieder ...

Oben am Schloßberg standen und stehen heute noch einige Roßkastanienbäume, in deren Schatten sich eine Granitbank befindet. Hinter dieser hing damals ein kleines Baummarterl mit dem Bildnis der Mater dolorosa, der Schmerzhaften Gottesmutter. Dieses Bild wurde zur Zeit der Kommunisten entfernt.

Die Frau war müde. Sie setzte sich auf die Bank und begann zu weinen. Der Mann stand daneben, er schaute auf das Bild der Mater dolorosa.

Hermann-Josef Weidinger

Weihnachten mit dem Kräuterpfarrer

Mit Bildern und Illustrationen
von Adolf Blaim

NP
BUCHVERLAG

Die Bilder in diesem Bändchen, allesamt von der Hand des Künstlers Adolf Blaim, zeigen Motive aus der Heimat des Kräuterpfarrers, dem nördlichen Waldviertel.

2. Auflage 2000

Einbandfoto:
Thomas M. Laimgruber, Wien

Bilder und Illustrationen:
Adolf Blaim, Messern

Graphische Gestaltung:
Kurt Hamtil, Wien

Gesamtherstellung:
Niederösterreichisches Pressehaus
Druck- und Verlagsgesellschaft mbH
A-3100 St. Pölten, Gutenbergstraße 12

ISBN 3-85326-126-4

Inhalt

In Jesus Christus
hat Gott selbst
sich nicht nur
der Menschheit
angenommen,
sondern uns buchstäblich
Sein Gottsein
geschenkt.
Er hat »sich entäußert«,
um Bruder aller
Menschenschwestern
und Menschenbrüder
zu werden.

„Maria“, sagte er zu seiner Frau, „schau d’ Muttagottes oan. Sie is’ do dei Schutzpatronin. Steh auf und bet’ ma.“

Er reicht ihr die Hand und hilft ihr auf. Beide beten miteinander in der großen Not ihres Herzens.

Deutlich spüren sie, wie die Spitze eines Schwertes aus ihrer beider Herzen gezogen wird. Die Tränen der Frau versiegen. Ihre Augen beginnen hoffnungsvoll zu leuchten.

Vom Bild der Mater dolorosa geht eine Kraft aus, der sich die beiden Eheleute nicht entziehen können.

Und dann geschieht es.

Die Rechte der Frau verschwindet kurz in der Tiefe ihres langen Faltenkittels. Und als sie wieder zum Vorschein kommt, da gibt Maria ihrem Mann das Fläschchen. Er nimmt es in Empfang und schleudert es gegen den Felsen nahe am Schloßtor.

Ein Bersten und Klirren.

Glasscherben fallen in die Tiefe, und eine milchige Flüssigkeit rinnt an diesem sonnigen Frühlingsnachmittag in den Schloßgraben hinab.

Mann und Frau umarmen sich und gehen mit ruhigem Gewissen heimwärts.

„Da Herrgott verloßt uns nit!“ sagt der Mann.

„Und wia vertraun fest auf eahm!“ gibt ihm seine Frau zuversichtlich zur Antwort.

Man schrieb Weihnachten 1917.

Um traurige Weihnachten handelte es sich. In Rußland war die Revolution ausgebrochen. Und der Krieg tobte erbittert weiter.

Der Bauer war eingerückt, so mußte die Bäuerin mit ihrem Buben die Wirtschaft alleine führen. Zu alledem wurde auch noch das Futter knapp.

Die Frau aber war trotz aller Not glücklich über das Kind, das sie unter ihrem Herzen trug.

In dieser Trostlosigkeit ist sie dennoch glücklich. Und dabei denkt sie an den Vater ihres Kindes, der im Kriegsdienst steht, schon drei Jahre lang. Bei einem Heimaturlaub, da ist das Leben unter ihrem Herzen entstanden. „Das ist Fleisch von unserem Fleisch, Blut von unserem Blut, Leben von unserem Leben."

Daran hat sie jetzt gedacht. Ohne lange zu überlegen, daß dies in Anlehnung an ein Wort der Heiligen Schrift, Genesis 2, 23, Geltung hat.

Franz Weidinger, ihr Schwiegervater, war am achtzehnten Februar 79jährig an Altersschwäche gestorben. Die Winkler-Toni, Tochter des Viehhüters der Gemeinde, war als Bauerndirn ins Haus gekommen.

Die Waldviertler Bäuerin, die im 35sten Lebensjahr steht, Maria Weidinger, geborene Lösch, findet, daß sie durch die Schwangerschaft einen handfesten Grund hat, Gott zu danken. Sie bittet Ihn, dieses Kind zu segnen und ihr und ihrem Mann bei ihrer Aufgabe als Eltern zu helfen.

Und dieses kleine Wesen im Mutterleib war niemand anderer als ich selber.

So hat mein Leben inmitten einer Zeit der Ängste, Not und Nöte, aber gesegnet und behütet durch die eheliche Liebe, begonnen.

Meine Mutter lebte in den Kriegsjahren daheim, auf dem Hof, fühlte sich aber dennoch mit ihrem Mann, meinem Vater, fest verbunden. Denn beide erwarteten sie ihr Kind. Neben diesem Gefühl des Glücks und der Freude erfüllten jedoch auch Unsicherheit und Ängste jene Zeit des gemeinsamen Wartens.

Wie wird denn unser Kind werden? Wird es gesund sein? Wird uns ein Bub oder ein Mädchen geboren? Und welchen Namen sollen wir ihm geben?

Obwohl Vater und Mutter einander stets gut verstanden, so waren sie dennoch in einem Punkt geteilter Meinung.

Meine Eltern heirateten im Mai 1906, und am 30. April 1907 kam mein Bruder Rudolf zur Welt. Er war um elf Jahre älter als ich.

Vier Jahre später bekam er einen Bruder namens Johann – benannt nach dem Vater meiner Mutter. Der Kleine starb jedoch drei Wochen nach der Taufe an Fraisen.

Bei dieser Geburt hatte sich unsere Mutter ein Frauenleiden zugezogen, nämlich einen argen Gebärmuttervorfall. Ein Leiden, das heute mit einer einfachen Operation beseitigt werden kann, damals aber lebensgefährlich war. Die Sterblichkeitsrate betrug drei zu eins. Weitere Schwangerschaften sollten daher in einem solchen Falle unbedingt vermieden werden.

Ging es jetzt vor meiner Geburt darum, ob ich ein Bub oder ein Mäderl sein sollte, so war dem Vater ein Bub lieber:

„Do hot ma halt a Oarbeitskroft."

Da auf meine Mutter auch in Friedenszeiten ein Berg Arbeit im Haushalt wartete, war sie für ein Mädchen, und Theresia sollte es heißen.

So gab es für die hochschwangere Frau gerade in besagter Weihnacht viel zu überlegen. Denn was da in ihrem Leib heranwuchs, das war ein Mensch mit Leib und Seele vom Augenblick der Empfängnis an.

Die Biologie lehrt uns, daß im Erbgut der ersten Körperzelle, die durch die Vereinigung des männlichen Samens mit der Eizelle der Frau entsteht, schon die ganze Veranlagung eines Menschen vorhanden ist. Also sein künftiges Aussehen und die Farbe seiner Augen ebenso wie seine Talente und Fähigkeiten.

Diese Tatsache, die uns die Wissenschaft bestätigt, kann in uns nur Staunen erwecken und uns nachdenklich stimmen.

Man weiß heute auch, daß ein Mensch im Mutterleib bereits deutlich den Herzschlag seiner Mutter und die stumme Sprache ihres Herzens spürt.

Und ein solch stummes, „seltsames" Zwiegespräch hat meine Mutter mit mir geführt. Der ich, obwohl noch ungeboren, dennoch schon da war.

An einem Mittwoch, am 16. Jänner 1918, um neun Uhr vormittags wurde den Bauersleuten Heinrich und Maria Weidinger ein Bub, ein kleiner Heinrich Anton, geboren.

Drinnen in der Stube. Mit Beihilfe der Hebamme Breitenfelder aus Mallersbach.

Im eisblumengeschmückten Stubenfenster war es keine Botschaft vom eisigen Tod, so wie draußen in der Natur. Im Kachelherd knisterte wohlig das Scheiterholz, und von irgendwoher verspürte man die Allmacht des Lebendigen.

Ein leichter Hauch zog durch den Raum, und man vernahm es deutlich: „Wir heißen euch hoffen."

Viele Monate lang sollte der menschenfeindliche Krieg noch wüten. Die Worte des heiligen Bernhard von Clairvaux, 1090–1153, erinnerten indessen an den Geburtstag des Herrn: „Friede ist uns nicht nur verheißen, sondern er ist da; nicht aufgeschoben, sondern geschenkt; nicht bloß vorhergesagt, sondern gegenwärtig. Denn als die Fülle der Zeit kam, erschien auch die Fülle Gottes."

„Wo gibt es noch einmal eine solch große Liebe. Heute soll der Mensch verstehen lernen, wie sehr sich Gott um ihn kümmert. Heute soll er erfahren, was Gott von ihm denkt."

Zufälle gibt es keine im Leben. Vielmehr ist es die Vorsehung Gottes, die alles lenkt und leitet.

Geboren wurde ich an jenem Tag, der dem heiligen Josef zugedacht ist, nämlich an einem Mittwoch.

Der heilige Josef war ein Mann des Glaubens und des Vertrauens, Mitwisser göttlicher Geheimnisse, ein großer Schweiger. Als liebevoller Gatte der Jungfrau Maria hat er an Jesus die Vaterstelle vertreten.

Die biblischen Quellen über den Pflegevater Jesu versiegen mit dem Auffinden des zwölfjährigen Jesus bei der Osterwallfahrt im Tempel zu Jerusalem und der Rückkehr nach Nazareth. Alles andere über diesen Heiligen der Bibel sind Annahmen.

Josef ist wohl vor dem Auftreten Jesu in der Öffentlichkeit gestorben. Er ist in Nazareth in der Gemeinschaft von Jesus und Maria hinübergegangen zu Gott, dem er so treu gedient hat. Mit Recht wird er als Patron der Sterbenden verehrt. Denn er durfte unter den Augen des Gottessohnes und unter den Gebeten der Gottesmutter sein Leben zurückgeben.

Wie mir später meine Mutter mitteilte, waren die Tage kurz vor meiner Geburt und gerade zu Weihnachten 1917 für sie Grund genug, mich im Geiste in die Krippe von Bethlehem zu legen. Mich, ob Bub oder Mädel, dem Herrn zu schenken.

Doch wurden ihr die Tage des Wartens zur seelischen Qual.

Wird bei der Niederkunft alles gutgehen?

Nach der Prognose des Arztes sollte das ja nicht der Fall sein.

Entweder die Mutter würde sterben, oder das Kind sterbe. Auch beide, Mutter und Kind, konnten zum Sterben verurteilt sein.

Als ich im Mai 1938 von daheim Abschied nahm und als Missionar nach China abreiste, da hat mir meine Mutter die Geschichte meines Werdens erzählt. Danach sah ich sie nie mehr wieder.

Das Bild der Mater dolorosa war tief in mein Herz eingeprägt worden. Ging ich doch, als ich die Bürgerschule in Frain an der Thaya besuchte, Tag für Tag an diesem Bildnis vorbei.

Ob es das Bild der Schmerzhaften Gottesmutter ist, das mich in meinem Leben beseelt, stärkt und stützt, um kranken, leidenden Menschen Mut zu machen, ihnen Trost zu spenden, zur Heilung zu verhelfen, und das immer noch, selbst im hohen Alter?

Und die Herzenszuwendung einer liebenden Mutter durfte ich als Ungeborener bereits verspüren.

Der Geburtstag war für mich – und so sehe ich es heute noch – ein Zeichen, daß mich der Schutz und die Hilfe des heiligen Josef ein Leben lang begleiten werden. Sie geben mir die Garantie, mich auch in materiellen Dingen voll und ganz dem heiligen Josef anvertrauen zu dürfen.

Nicht zufällig wurde mir später als Ordensmann der Name Hermann-Josef gegeben.

Und mein Tauftag? Der Samstag. Es war der Tag, welcher der Gottesmutter geweiht ist.

Ihr sollte der Täufling, der nach rein menschlicher Überlegung eines Arztes gar nicht hätte auf der Welt sein dürfen, in die Arme gelegt werden. Damit die Muttergottes ihn bewahre, beschütze und stets begleite auf allen seinen Lebenswegen.

Ich habe mich stets als Marienkind gefühlt. Habe mich im Laufe der Jahre ganz und gar der Gottesmutter geweiht. Und ich erneuere Tag für Tag diese meine Hingabe an die Gottesmutter.

„O meine Herrin, meine Gebieterin, meine Mutter, Dir bringe ich mich ganz und gar dar.

Und um Dir meine Hingabe zu bezeugen, weihe ich mich Dir heute aufs neue.

Bewahre, beschütze und behüte mich, als Dein Gut und Eigentum." Amen.

Nie werde ich es in meinem langen Leben vergessen, welch große Liebe meine Mutter zu dem Rosenkranzgebet hatte.

Der Rosenkranz bringt uns in enge Verbindung mit dem Leben, Leiden und der Herrlichkeit Jesu und zeigt uns die Stellung, die Maria im Heilswerk hat.

Auf diese Weise wird dem Betenden ein Leben projiziert, das Mut macht, Verzeihung gewährt und zu christlichem Tun auffordert.

Gedanken, die wohl am Tauftag durch den Kopf meiner Mutter gegangen sein dürften: „Die Pietà, die Mutter mit dem Leichnam ihres Sohnes im Schoß, ist die Quelle des Trostes für alle leidenden Mütter der weiten Welt."

Die Schmerzensmutter ist unter den Menschen aufgerichtet als Zeichen der Solidarität mit allem Leid der Menschen.

Dieses Kind, ein Geschenk der Mater dolorosa, wurde Priester. Und jedesmal, wenn dieser Gottesmann bei der heiligen Wandlung Hostie und Kelch über sein Haupt emporhebt, dann bittet er den Herrn für alle schwangeren Frauen, die Schwierigkeiten haben, das neue Leben auszutragen.

Er fleht den Allmächtigen an, diesen Frauen doch Kraft zu geben, junges Leben nicht durch Abtreibung zu zerstören. Und gerade jetzt, da man eine Leben tötende Pille anbietet, muß der allmächtige Gott, gegenwärtig im Mysterium des Glaubens, bestürmt werden, dieses Leben zu retten und den Sinn der werdenden Mutter zu ändern und zu festigen.

Das ist meine innigste Bitte bei jeder heiligen Messe. Die Bitte eines Priesters, der gar nicht hätte geboren werden dürfen.

„Herrgott, ich danke Dir, daß ich lebe!"

Jahre waren vergangen, und ich war bereits mitten im Studium. Da stöberte ich einmal während der Weihnachtsferien auf dem Dachboden unseres Wohnhauses herum – alle anderen Dachböden, die der Wirtschaftsgebäude nämlich, waren mit Futterheu vollgestopft – und machte dabei eine interessante Entdeckung. In einer Ecke ganz nahe am Rauchfang, der einen zur Selchkammer erweiterten Zubau aufwies, stand eine Wiege aus Holz.

Ich zog sie hervor, näherte mich mit ihr dem Dachfenster, das einem Strahl klaren Lichtes Einlaß gewährte. Wischte den Staub ab. Und was sah ich da? In das Holz hineingeschnitzt den Kopf eines „plärrenden Bengels", und daneben stand „Heinrich".

Die Wiege ließ ich stehen, eilte hinunter, suchte meine Mutter und fragte sie, was das da oben auf dem Dachboden zu bedeuten habe.

Des Rätsels Lösung erfuhr ich aus ihrem Munde:

Als ich zur Welt kam, hat mein Onkel, der Hafnermeister Josef Neustifter, ein begabter Künstler, auf diese Art meine Wiege verziert.

Jahre zogen ins Land. Ich hatte die Wiege vergessen. Längst steht sie nicht mehr auf dem Dachboden, da das Haus gänzlich umgebaut worden ist. Jetzt aber, wo ich bei der Arbeit an diesem Buch ein wenig alte Zeiten vorüberziehen lasse, fällt sie mir wieder ein.

Und ich erinnere mich der Worte meiner Mutter, daß ich stets das Maul aufriß und weinte, da ich in der kargen Zeit des Krieges immer Hunger hatte.

Alte Wiege mit dem „plärrenden Bengel", dem „Heinrich", der einst dort drinnen lag ...

Danke, Christkindl

So beginnt meine Erinnerung: Ich saß eines Tages auf dem Schoß meiner Mutter in der Stube an der Tischbank. Mit meinen kleinen Fingerlein fuhr ich ihr ins Gesicht. Dabei ertastete ich auch den Mund. Etwas Besonderes fiel mir auf. Ich selbst hatte den Mund schon voller Zähne, jedoch bei meiner Mutter war es anders.

Da und dort konnte ich bei ihr mit meinen Fingerchen zwischen den Zähnen durchfahren. Und das bereitete mir einen Heidenspaß.

Jahre später wurde mir so manches klar. Meiner Mutter waren die Zähne langsam nacheinander ausgebrochen, sodaß sie zuletzt überhaupt keine Zähne mehr hatte. Krankenkasse gab es damals ja nicht. Jahrzehntelang hatte sie daher ohne Zähne gelebt. Sie konnte immer nur weiche Sachen essen. Brot und Fleisch mußte sie ganz klein schneiden.

Wenn ich heute zurückblicke, dann kann ich meine Mutter nur bewundern, die alles für uns drei Buben tat, für sich selber aber kaum etwas aufwendete.

Als ich vier Jahre alt war, bekam ich nämlich noch ein kleines Brüderchen.

Meine Mutter hatte vier Brüder, davon war Anton der jüngste. Im Krieg stand er an der italienischen

Front, nahm er teil an den Isonzoschlachten. In einer dieser Schlachten fand er bei Görz den Heldentod.

Der Verlust ihres Bruders ging meiner Mutter so nahe, daß für meinen kleinen Bruder der Name von vornherein feststand, nämlich Anton.

Damals war die Hungersnot der Nachkriegszeit bereits vorbei. Doch das kleine Kind weinte und schrie Tag und Nacht. Es hatte den „Vierziger". Anton bekam am ganzen Körper einen Ausschlag. Er mußte mit Leinöl eingeschmiert und in Leinentücher eingewickelt werden. Beim Wechseln dieser Tücher blieb auch das Eitrige der Haut haften. Bei der Abnahme schmerzte natürlich der wunde Körper. Anton schrie und weinte, und mich erbarmte mein krankes Brüderchen sehr.

Anton wurde zwar ausgeheilt, er blieb aber geistig behindert, lernte kaum richtig sprechen. Er stotterte etwas daher, sodaß man ihn nur schwer verstehen konnte. Meine Eltern aber haben ihr jüngstes und letztes Kind sehr lieb gehabt und ihm ihre ganze Liebe zugewandt. Mir wurde die Pflicht zuteil, auf ihn achtzugeben und mit dem Kinderwagen auszufahren, wenn die Eltern, der ältere Bruder und die Magd Toni aufs Feld mußten.

Weihnachten 1922. Papst Pius XI. ruft in seiner ersten Enzyklika, dem päpstlichen Rundschreiben, zur Befriedung Italiens und der Welt auf.

Ich war damals knapp fünf Jahre alt. Und dieses „mein" Weihnachtsfest sollte mir für immer in Erinnerung bleiben. Denn ich wünschte mir vom Christkindl sehnlichst „eine Hose mit einem schönen Hosentürl".

Was verstand ich denn darunter?

Ein Stück ähnlich wie die Trachtenlederhose, deren vordere Öffnung heruntergeklappt und mit zwei großen Hirschhornknöpfen oben befestigt werden kann.

Hier ist es notwendig, ein wenig Licht in die Gedankengänge eines kleinen Knirpses zu bringen, indem man sich die Lage seines Elternhauses vergegenwärtigt. Es war das erste Haus der Bauernzeile am Dorfplatz. Dann kamen die Gärtnerei, der Meierhof und gegenüber das Fürstenschloß mit den Dienstwohnungen der hohen Beamten und dem Roßstall.

Alle diese bevorzugten Personen irdischen Wohlergehens trugen Hosen aus Rehleder gegerbt und nach Trachtenart hergestellt.

Das konnte mein jugendliches Gemüt begeistern. Ohne jedoch zu bedenken, daß damals eine unüberwindbare Kluft zwischen Bauern und Herrschaftsleuten bestand.

Leute aus dem „gemeinen Volke", und dazu zählten auch die Bauern – obwohl der Adel seit Ende des Ersten Weltkrieges abgeschafft war –, trugen Hosen und Röcke aus Brennesselfasern.

Mein Denken ging damals schon ein wenig „hoch hinaus", über die Grenzen der gesellschaftlichen Lage meiner Eltern. Und so durfte die Hose ruhig aus gemeiner Faser sein, solange nur das „Hosentürl" nach besserer Leute Art beschaffen war.

Bereits zu Nikolo hatte ich also diesen meinen Wunsch geäußert. Und nun war endlich das Christkind am Kommen.

Die Kostbarkeit
der Geschenke
diktiert nicht
die dicke Brieftasche,
sondern die
Schwingungen
des Herzens
sind ausschlaggebend.
Denn Lieben heißt,
sich selber schenken.
Liebe kauft man nicht,
sie wendet sich
dem Nächsten zu.

Anton und ich mußten am Nachmittag bei unserem Vater und dem älteren Bruder Rudolf bleiben. Sie banden im Kuhstall aus Birkenzweigen Kehrbesen, das heißt, sie fertigten diese an.

Dann auf einmal war der heißersehnte Augenblick da. Draußen hörte man ein geheimnisvolles Glockengeläute. Es sollte ankündigen, daß das Christkind das Haus verlassen und den Hof überquert hat.

Mein Herz hüpfte mir bis zum Hals hinauf.

Doch der Glockenklang kam mir seltsamerweise irgendwie bekannt vor. Er hatte mit den Schlittenglocken unserer Pferde eine große Ähnlichkeit.

Ich stürmte hinüber in die Stube. Da stand er nun, der Christbaum, mitten im Raum.

Die vielen Lichter der brennenden Kerzen ...

Dieser Zauber konnte mich in ein fast überirdisches Reich versetzen.

Voll Bewunderung blieb ich am Türeingang stehen. Riß Augen und Mund weit auf.

Der wuchtige Stubenofen, der das Herzstück der „guit'n Stube" bildete, spiegelte mit seinen glasierten Kacheln den Lichtzauber des ganzen Raumes wider.

Bald aber hatte ich mich gefaßt.

Mein Blick senkte sich. Voll Neugier blickte ich auf die Gaben, die unter dem Weihnachtsbaum lagen.

Fasziniert war ich aber nur von einem – von einer Bubenhose, die ich mir so sehr gewünscht hatte.

Rasch griff ich danach.

Ein Freudenschrei entrang sich meiner schmalen Brust: „Christkindl, i dank' da schön für die neiche Hos'n mit dem schönan Türl!"

Der Schöpferlöffel

Mit dem Advent beginnt ein neues Jahr der Kirche. Wieder sind wir der Vollendung des eigenen Lebens und der Vollendung der Welt ein Stück näher gekommen. Und wieder zünden wir die erste Kerze des Adventkranzes an.

In die dunkle Welt der Schuld und der Hoffnungslosigkeit strahlt Gottes Licht. Der Herr möge den Verzweifelnden Hoffnung schenken. Und unser aller Herzen durch die Werke der Liebe festigen.

Singen wir doch: „Macht hoch die Tür, die Tor macht weit, es kommt der Herr der Herrlichkeit, ein König aller Königreich, ein Heiland aller Welt zugleich, der Heil und Leben mit sich bringt; derhalben jauchzt, mit Freuden singt. Gelobet sei mein Gott, mein Schöpfer reich an Rat."

Schaue ich jetzt, als Mann, der sich im Greisenalter bewegt, hinein in die Vorweihnachtszeit, dann tut es mir weh, daß der heilige Nikolaus längst schon beerdigt worden ist.

Knecht Ruprecht ist heimgegangen, und nur mehr der „Weihnachtsmann" ist zum Kassenöffner der Vorweihnachtszeit und zur Handelsware geworden.

Ein Kranz von liebwerten Legenden überdeckt das Leben des heiligen Nikolaus. Sein Kult ist seit dem

»Sankt Kathrein
stellt den Tanz ein.«
So schiebt
der 25. November
den Riegel vor die Tür.
Besinnlichkeit
zieht in uns ein.
Brennende Kerzen
auf grünem Kranze
zeigen den Weg,
der froh werdenden
Herzens
zur Krippe lenkt.

6. Jahrhundert in Myra und Byzanz bezeugt. Er ist wahrscheinlich in der ersten Hälfte des 4. Jahrhunderts Bischof von Myra gewesen.

Das Beten war in unserer Familie eine tägliche Selbstverständlichkeit.

Die Mutter begann mit uns Kindern schon in frühesten Lebensjahren Gebete einzulernen.

Das erste, was ich lernte, war das Händefalten und „Aufischaun zum Himmivota".

Dann kamen nach und nach das Gebet „Schutzengel mein", das „Gegrüßet seist du, Maria", das „Vaterunser", der „Engel des Herrn", das „Glaubensbekenntnis" und der „Rosenkranz" an die Reihe.

Rückte das Fest des heiligen Nikolaus heran, dann wurde fleißig geübt. Da konnte man sein Wissen an den Mann bringen, besser gesagt an den Bischof von Myra. – Wer dieser Weißbart im Priestergewand mit der Mitra auf dem Kopf, dem Bischofsstab in der Hand und dem schneeweißen Vollbart in Wirklichkeit war, das blieb für uns Kinder ein Geheimnis. Gelüftet aber sah die Sache anders aus.

Mein Vater war Schulobmann, und das viele Jahrzehnte hindurch. Es war dies ein Ehrenamt, das zwar nichts einbrachte, ihm aber viel Ansehen verlieh und ihm auch viele Rechte einräumte.

So mußte zum Beispiel der Bezirksschulinspektor aus Hollabrunn den Termin seines Kommens mit ihm absprechen. Bei einem Lehrerwechsel konnte mein Vater unter den Kandidaten auswählen.

Im Jahr vor dem Nikolofest 1923 war ein neuer Unterlehrer für die zweiklassige Volksschule ernannt worden. Er hieß Alfons Jordan und war der Sohn eines Weinbauern aus Kadolz. Da er ledig war, kehrte er in seinen freien Stunden gerne bei uns zu.

Wir horchten auf!

Ein Kettenrasseln draußen auf der Straße.

Es näherte sich unserem Hof und war ein Zeichen des Krampus, der den heiligen Mann und Gabenbringer in einem Respektabstand begleitete. Der Zottelige hatte die Aufgabe, schlimme Kinder zu bestrafen, wenn er vom Nikolaus in die Stube gerufen wurde.

Bangen Herzens hoffte ich fest und innig, daß der heilige Bischof den Bösen bei mir nicht brauche. Und kniete mich schon frühzeitig nieder. Die Hände gefaltet, so harrte ich des hohen Besuches.

Dann trat er ein, der Nikolaus. Lieb und vertraut war mir seine Stimme. – Ich hätte beinahe gedacht, daß sie nach dem Herrn Unterlehrer Jordan klingt.

Unaufgefordert betete ich nacheinander das Vaterunser, das Gegrüßet seist du, Maria, den Engel des Herrn und das Schutzengel-Gebet.

„Brav!" sagte der heilige Mann.

Und als er mir Äpfel und Nüsse auf den Stubentisch legte, fragte er: „Kannst du vielleicht noch ein anderes Gebet?"

Eifrig und begeistert antwortete ich mit strahlendem Gesicht: „Jo!"

„Und wia hoaßt des Gebet?", so fragte der Bischof nun weiter.

Jetzt verfiel ich in die Rolle meines kleinen Brüderchens und fing an herumzustottern.

In seiner Güte kam mir der heilige Nikolaus zu Hilfe: „Nao, Heinarich, sog's schön, wia hoaßt denn des Gebeterl?“

Die gütigen Worte machten mir Mut.

Entschlossen platzte ich heraus: „Nao des mit dem Schöpfalöffl!“

Nun fing der Bart des Nikolaus zu wackeln an. Seine Augen glänzten, seinen aufrechten Körper begann es zu schütteln. Um mit Macht ein Lachen zurückzuhalten, meinte er: „Tui mas bet'n.“

Mit Begeisterung machte ich das Kreuzzeichen und mit schön gefalteten Händen betete ich vor: „Ich glaube an Gott, den Vater, den Allmächtigen, den Schöpfer des Himmels und der Erde ...“

Alle in der Stube, meine Eltern, mein älterer Bruder und unsere Magd, die Toni, konnten sich nicht mehr halten und mußten lachen. Selbst der kleine Anton lachte mit.

Suppe und Schöpflöffel lagen mir damals eben näher als der Weltenschöpfer.

Trotz allem trug mir der „Schöpferlöffel“ noch zwei Äpfel und drei Nüsse ein.

Worte verbinden Menschen und entzweien sie.

Worte schaffen Vertrauen und zerstören es.

Worte können streicheln und verletzen.

Worte können glücklich machen und zur Verzweiflung bringen.

Worte können Leben wecken und Leben vernichten.

Worte vermitteln Wahrheit und belügen den Mitmenschen.

Wer darüber nachdenkt, was das menschliche Wort vermag, der wird vielleicht merken, wie leichtfertig wir mit Worten umgehen.

Aufgeregt kommt jemand zu dem großen Philosophen Sokrates gelaufen: „Sokrates, ich muß dir erzählen, wie dein Freund …"

„Halt", unterbrach ihn der Weise, „hast du das, was du mir sagen willst, auch durch die drei Siebe geschüttelt?"

„Drei Siebe?" fragte der andere.

„Ja, mein Freund, drei Siebe! Laß sehen, ob das, was du mir erzählen willst, durch die drei Siebe hindurchgeht. – Das erste Sieb ist die Wahrheit. Hast du alles geprüft, ob es wahr ist?"

„Nein, ich hörte es nur erzählen."

„Aber sicher hast du es mit dem zweiten Sieb geprüft, dem Sieb der Güte. Ist das, was du mir erzählen willst, wenigstens gut?"

Zögernd sagte der andere: „Nein, das nicht …"

„Dann", unterbrach ihn der Weise, „laß uns auch das dritte Sieb noch anwenden. – Ist es notwendig, mir dies zu erzählen?"

„Notwendig nun gerade nicht …"

„Also", lächelte Sokrates, „wenn das, was du mir erzählen willst, weder wahr noch gut, noch notwendig ist, laß es begraben sein und belaste dich und mich nicht damit."

Botschaft an die Hirten

Der christliche Geist in einer Familie ist ein Weg hin zu Gott in der Krippe. Denn dort, wo Friede und Freude herrschen, dort ist Gott mitten unter ihnen.

So wie sich in einem Brunnen viele kleine Wasserläufe zu einer Quelle vereinen, die den Brunnen speist, so ist es auch im Familienleben.

Das alte Sprichwort hat immer noch Bedeutung: „Liebe geht durch den Magen."

Und wenn Liebe die Pflastersteine hin zu Gott sind, dann bin ich schon in meiner frühesten Kindheit diesen Pflasterweg geführt worden.

Die Kost in meinem Elternhaus war sehr einfach, aber gesund und kräftig. Süßigkeiten gab es bei uns nur wenige.

Ganz anders verhielt es sich bei meiner Mali-Tante und dem Neustifter-Onkel.

Die Mali-Tante, geborene Amalia Weidinger, war die ältere Schwester meines Vaters, verheiratet mit Josef Neustifter, Hafnermeister und Ofensetzer in Riegersburg Nummer 55.

Da die Ehe kinderlos blieb, beide Kinder aber liebten, hatte ich bald herausbekommen, daß ich dort immer gut ankam.

Der Onkel war mit seinen Gehilfen die meiste Zeit in der Werkstatt beschäftigt, wo Töpfe, Teller und Ofenkacheln erzeugt wurden.

Mein Revier bei meinen fast täglichen Besuchen war die Küche. Dort wurde ich gerade zur Adventzeit Zeuge des Werdens vieler schmackhafter und guter Dinge sozusagen als Künder der frohen Botschaft, daß die Geburt des Herrn nahe war.

Nicht verschweigen will ich eine geheime Zugkraft. Es war das Bienenhaus, die „Bäihitt'n" meines Onkels. Zwischen 30 und 40 Völker tummelten sich dort an sonnigen Tagen. Ich wußte zwar, daß Bienen stechen, war aber auch nicht unwissend der Tatsache, daß sie Honig lieferten.

Und daß Honig süß und schmackhaft war, das blieb mir keineswegs verborgen.

Wie man aber viele gute Dinge damit herstellen konnte, das erlebte ich bei meiner Mali-Tante.

Heute noch, wenn ich mich daran erinnere, verspüre ich den Duft und den Geschmack dieses einzigartigen Weihnachtsgebäckes.

Will ich einen Honigkuchen machen – so wie ich ihn in meiner Kinderzeit erlebt habe –, was brauche ich dann alles dazu?

500 Gramm Honig, 500 Gramm griffiges Weizenmehl, 150 Gramm Butter, 150 Gramm Mandeln, den Abrieb einer Zitronenschale – womöglich einer ungespritzten –, 1 Teelöffel Nelkenpulver, 1 Teelöffel Kardamompulver und zuletzt noch 15 Gramm Pottasche. Diese bekommt man übrigens auch heute noch, und zwar in Reformhäusern, Drogerien und Apotheken.

Danket dem Herrn
für Speis und Trank.
Gesund der Leib,
froh das Gemüt,
das macht
uns Menschen
glücklich
auf dem Pfad
zur ewigen Freud'.
Sie ist für immer
unser Daheim
bei Gott.

Soweit die Zutaten, nun folgt die Zubereitung.

Zunächst die Mandeln – mitsamt der braunen Haut – grob reiben. Honig in die flüssige Butter geben, vom Herd nehmen und Mandeln, Mehl, Zitronenschale und Gewürze hineinrühren. Die Pottasche zuerst in etwas Wasser auflösen und – nachdem der Teig fast abgekühlt ist – darunterarbeiten.

Über Nacht läßt man die Masse ruhen. Dann wird der Teig auf einem Brett etwa einen Zentimeter dick ausgewalkt. Nun taucht man ein Küchenmesser in heißes Wasser und schneidet damit den Teig in entsprechend große Rechtecke, die man noch eine Stunde rasten läßt. Die Teigstückchen werden anschließend mit kaltem Wasser bestrichen, wobei man bemüht sein soll, die Ränder abzurunden.

Der Honigkuchen wird im vorgeheizten Backofen bei 200 Grad 25 bis 30 Minuten gebacken. – Einen seidigen Glanz bekommen die Stücke, wenn sie noch heiß mit kaltem Wasser bestrichen werden.

Zum Nikolofest legte man in meiner Kinderzeit vor dem Backen eine große Kletze, eine Dörrzwetschke also, mitten auf jedes Honigkuchen-Stück und ließ es einbacken. Das gereichte dem Stück nicht nur zur Zierde, sondern der Honigkuchen schmeckte dann noch vorzüglicher.

Man kann die Honigkuchen-Stücke auch mit Formen ausstechen und nach Lust und Laune mit Mandeln, Nüssen und kandierten Früchten verzieren.

Das Backen beherrschte meine Mali-Tante großartig. Aber noch eine Köstlichkeit wartete auf den kleinen Weidinger im Keller der Tante.

Dort stand nämlich eine große Flasche voll Ribiselwein ... Davon nahm die Mali-Tante einen Liter, goß ihn in einen Topf zum Kochen, gab 200 Gramm Bienenhonig, 6 Stangen Zimt, 12 Gewürznelken und eine Prise Salz dazu und ließ das Ganze drei Minuten lang kräftig durchkochen. Dann wurde der Topf vom Herd genommen und blieb über Nacht stehen, das verbesserte nämlich das Aroma erheblich.

Erst tags darauf seihte man alles durch ein feinmaschiges Sieb. Und in diesen Ribiselmet wurde der Honigkuchen beim Essen leicht eingetunkt. Dann kaute man ein Stückchen gefüllte Honigwabe nach.

Das war für mich ein unvergeßliches Erlebnis.

Das Brot hat in meinem Leben immer schon eine große Rolle gespielt.

Daheim wurde nie ein frischer Laib angeschnitten, ohne daß die Mutter mit dem Messerrücken drei Kreuze auf seine Unterseite zeichnete.

Ich nahm jedes Stück Brot dankbar entgegen.

Brot gab es im Haushalt der Weidinger ausreichend. Das war damals nach dem Ersten Weltkrieg nicht überall so.

Ein Brot ganz besonderer Art stand aber nur in der Adventzeit auf dem Tisch: Mutters Kletzenbrot, der Vorbote von Weihnachten.

Meine Mutter konnte so schön erzählen, wenn sie das Kletzenbrot zubereitete. Sie erzählte, wie die Engel das Kletzenbrot auf die Erde gebracht hätten, damit die Menschen hinaufschauen mögen und ihren Friedensgesang zu Weihnachten nicht überhören.

Bei uns daheim war das Kletzenbrot ein Sich-auf-den-Weg-Machen zur Heiligen Nacht, zu den Hirten auf dem Felde.

Wenn ich Kletzenbrot aß, dann schaute ich auch immer in die Höhe, und in der Heiligen Nacht überhörte ich nie dieses Singen.

Das Kletzenbrot meiner Mutter war eigentlich so wie die Hand eines Priesters, die mich zu Dem hinführt, der unvergänglich ist.

Um dieses Kletzenbrot nach alter Art herstellen zu können, benötigt man für den Brotteig: 700 Gramm Roggenmehl, 40 Gramm Germ, das ist Bierhefe, Wasser und etwas Salz. Damit wird ein fester Schwarzbrotteig geknetet, den man gut gehen läßt.

Am Vortag werden bereits 400 Gramm Birnkletzen und 300 Gramm Zwetschkenkletzen in zirka 1 Liter kaltem Wasser über Nacht angesetzt. Die Zwetschken entkernt man und kocht sie gemeinsam mit den Birnkletzen weich. Dann wird alles grob geschnitten.

400 Gramm Feigen und 200 Gramm Walnüsse werden ebenfalls grob gehackt.

150 Gramm Rosinen, 100 Gramm Bienenhonig, ein Schnapsstamperl voll Rum und zwei Päckchen Lebkuchengewürz werden noch hinzugefügt.

Das Lebkuchengewürz war früher nicht immer vorhanden. Da machte die Mutter etwas anderes: mit Fingerspitzengefühl und nach eigenem Geschmack wurden etwas Zimtpulver, Neugewürz, geriebene Nelken, ganz wenig Pfeffer, eine Prise geriebene Muskatnuß und drei Eßlöffel voll schwarzem Bohnenkaffee dazugegeben.

Das Nudelbrett wurde mit Mehl bestaubt und darauf der Brotteig ausgebreitet. Die Mutter knetete nun die Früchte und alle Zutaten fest ab und formte daraus zwei Wecken. Diese ließ sie gut gehen. Mit dem Kochlöffelstiel wurden einige Löcher in den Laib gestochen, das Kletzenbrot dann mit Wasser bepinselt, bei guter Hitze gebacken und letztlich einige Tage in der Speisekammer gelagert. Wir bekamen das Kletzenbrot nie sofort nach dem Backen aufgetischt.

Bäcker, die gutes Kletzenbrot anzubieten haben, sind wieder gesucht, und ihre Ware bleibt nicht lange liegen. Ein Beweis dafür, daß auch heute die Menschen wieder ein Gespür für das Kletzenbrot haben. Vorausgesetzt, es ist frei von jeder Chemie.

Mein Elternhaus war einfach und schlicht. Der religiöse Geist aber so selbstverständlich wie die gesunde, unverdorbene Waldviertler Luft.

Das Kirchenjahr spielte eine große Rolle. Alte Volksbräuche wurden nicht nur aufrechterhalten, sondern gepflegt und erlebt.

So gab es bei uns an vorweihnachtlichen Abenden Anisscharten. Und nicht nur, weil sie gut schmeckten – Anis kann noch viel mehr. Aber ob das meine Mutter gewußt hat?

Anis ist nämlich das Korn, das Gewürz, das Heilkraut, der Heilsamen, der uns ein bißchen mehr Freude vermittelt, der uns heraushebt aus dem grauen Nebel des Alltags.

Und so betrachtet sind Anisscharten in der Weihnachtszeit ein Vorbereiter für die Weihnachtsfreude.

Ein feines Gespür für den inneren Wert scheint man früher gehabt zu haben! Anisscharten sind leicht selbst herzustellen. – Versuchen Sie es doch auch!

Sie brauchen dazu: 4 Eier, 250 Gramm Zucker, 250 g Mehl, den Saft einer halben Zitrone und Anissamen zum Bestreuen.

Die Eier werden mit dem Zucker so lange gerührt, bis sich der Zucker vollständig aufgelöst hat und eine cremige Masse entsteht. Dann Mehl und Zitronensaft vorsichtig einrühren. Von dieser Masse läßt man nun teelöffelweise kleine Häufchen auf das eingefettete Backblech fließen, aber weit genug auseinander, da sie ansonsten zusammenfließen. Mit Anis bestreuen und bei Mittelhitze backen.

Man kann die Anisscharten noch heiß über einen Kochlöffelstiel biegen.

Hmm ... ein köstliches Feinbackwerk steht nun zur Verfügung.

Einfache, schlichte Männer, das sind die Hirten.

Unvermutet tritt Gott ihnen mit einer Botschaft entgegen.

Er verkündet ihnen, daß das Kind, das sie finden werden, der Retter ist, der Messias, der Herr.

Sie gehen hin, finden alles so, wie es gesagt worden ist, glauben und preisen Gott.

Nicht Große und Mächtige im Sinn der Welt begegnen dem Mensch gewordenen Sohn Gottes in Bethlehem. Gewöhnliche Leute, Menschen wie wir, werden zu ihm gerufen. Sie sehen, sind außer sich, glauben und preisen Gott.

Wir sind auf der Jagd nach dem Glück.

In tausenderlei Vergnügen, in tausenderlei Zerstreuungen suchen wir es und sind nach jedem Vergnügen doch wieder leer und unerfüllt geblieben.

Gott will uns beglücken. Er kann es.

Er schenkt uns Seinen Sohn, den Messias. Das Glück der Hirten kommt aus dem Glauben. Im Glauben finden und bekennen sie: Christus, der Retter ist da!

Gott hat die Sehnsucht der Menschen erfüllt. In Jesus sind Freundschaft und Friede zwischen Gott und den Menschen besiegelt. In ihm hat Gott uns alle in Liebe umfangen. Er ist unser Vater, wir sind seine Söhne und Töchter.

Gott ist in unsere Welt eingetreten, um uns zu retten. Er hat uns dieser Welt nicht ausgeliefert. Er ist gekommen und lebt seither unser Leben mit uns.

Er führt und rettet uns, damit Glück und Freude in uns Einzug halten.

Und die Freude wird aus uns herausdrängen.

Sie wird durchbrechen zum Lobpreis Gottes.

Der Starkmut ist eine Tugend, die uns befähigt, auch bei möglicherweise nachteiligen oder gefährlichen Konsequenzen eines Widerspruches dennoch zu unserer Meinung zu stehen.

Da ragt ein Fels mitten aus den stürzenden Wogen des Bergbaches heraus. Hoch spritzt die Gischt der Wellen. Doch es scheint, als wolle der Fels sagen: „Ich bleibe da, wo mich der Schöpfer hingestellt hat."

Ein Bild des Starkmutes, der sich behauptet gegen eine Welt von Feinden.

Als Pilger unterwegs

Nomen es omen!" So lautet ein lateinisches Sprichwort. Der Name hat seine Vorbedeutung. „Rochus", zum Beispiel, besagt „Felsen". Und das war der Heilige, von dem hier die Rede ist. Ein Fels in der Brandung.

1953 habe ich im Februar die Insel Formosa, auch Taiwan genannt, verlassen, um im Auftrag des Vatikans die chinesischen Flüchtlinge in aller Welt zu besuchen. Während eines kurzen Heimaturlaubs im Herbst dieses Jahres erkrankte ich aber ernstlich an einem Darmleiden, das kaum ausgeheilt werden konnte, sodaß ich gezwungen war, in der Heimat zu bleiben.

Als ich mich nun in dieser Zwickmühle befand, wurde mir vom Stift Geras die Pfarre zum heiligen Rochus in Harth angeboten. Mit der Erlaubnis von Rom trat ich in den Prämonstratenser-Orden im Stift Geras ein und übernahm die Pfarre Harth.

Besondere Freude machte mir der große Pfarrgarten. Er gab mir die Möglichkeit, Heilkräuter, wie Kamille, Melisse, Weinraute, Salbei und Lavendel, zu ziehen.

Auf diese Weise wurde ich dann neben der Pfarrseelsorge zum „Kräuterpfarrer".

Die Gartenarbeit tat mir gut. Sicherlich hat auch der Kirchenpatron, der „Fels", das Seine dazu beigetragen.

Das Leben dieses heiligen Pilgers interessierte mich, und ich begann daher, es eingehend zu studieren.

Zum heiligen Rochus haben die Menschen des Mittelalters hilfeflehend ihre Hände gehoben, wenn die Pest umging und Tausende würgte.

Mit dem Öl aus den Lampen, die vor seinem Bild brannten, salbte man die Beulen und Geschwüre der vom Schwarzen Tod Gezeichneten.

Bittprozessionen trugen seine Reliquien durch die verseuchten Gassen. Und fast überall ereignete sich das Wunder, daß nämlich vom selben Tag an niemand mehr den Pesttod starb und die Massengräber geschlossen werden konnten.

Die Bischöfe des Konstanzer Konzils, die den Schutz des heiligen Rochus sichtbar erfahren hatten, nahmen seine Verehrung mit in ihre Heimat. Sie bauten Kirchen und Kapellen, ihm zum Dank.

Überall im Abendland erstanden Bruderschaften unter seinem Namen, die Pestkranke pflegten.

Tat und Opfer dieser Männer waren dem Leben ihres heiligen Patrons entlehnt. Sie kannten ihn nur als den Pilger mit Muschelhut, Tasche und Stab, der zu Anfang des 14. Jahrhunderts auf einer Pilgerreise nach Rom unterwegs war.

Die Pfarre Harth habe ich am 1. Mai 1954 übernommen und bin in den Pfarrhof eingezogen. Die Pfarrkirche wurde 1835 erbaut und ist dem heiligen Rochus geweiht. Er war und ist der Kirchenpatron.

Der heilige Rochus wird zu den berühmtesten Heiligen des 14. Jahrhunderts gezählt.

Pilger sein
auf Gottes Erden,
das ist meine Bestimmung,
und ich nehme sie an.
Ich habe hier
keine bleibende Stätte,
denn meine Heimat
ist oben bei Dir,
o mein Gott!
Jeder Tag
auf dieser Pilgerreise
gibt mir die Möglichkeit,
mein Leben anzufüllen
mit guten Werken.

Sein Vater war ein geborener Graf von Montpellier, seine Ahnen hatten als Kreuzritter für die Befreiung des Heiligen Landes gekämpft.

Im Jahre 1295 wurde Rochus geboren. Die zärtliche Mutter verwandte auf seine Erziehung äußerste Sorgfalt.

So schöpfte er in seiner Jugend aus dem mütterlichen Herzen heilsame Lehren. Rochus hatte aber das Unglück, seine beiden Eltern zu verlieren, als er noch keine zwanzig Jahre alt war.

Nun zeigten sich die Früchte seiner guten Erziehung. Das beträchtliche Vermögen, das er geerbt hatte, verteilte er unter den Armen.

Er überließ die Herrschaft einem Verwandten, nahm Pilgerkleid und Stab, womit er auch immer abgebildet wird, und reiste nach Rom, die heiligen Gräber der Apostelfürsten zu besuchen.

Als Rochus in die Toskana kam, wo die Pest herrschte, unterbrach er seine Pilgerschaft, um sich der Pflege der Kranken in aufopferndster Liebe zu widmen.

Sein Gebet und Kreuzzeichen hatten eine wunderbare Macht von Gott. Die schon bleich und verfallen auf die Stunde des Todes Wartenden erhoben sich zu neuem Leben.

Zu Piacenza aber wurde der tapfere Retter 1320 selbst von dieser furchtbaren Krankheit befallen.

Die Bewohner jagten ihn aus der Stadt hinaus. Um nicht die Ansteckung auf andere zu übertragen, schleppte sich Rochus in einen nahegelegenen Wald und legte sich in eine unbewohnte Hütte.

Nun sorgte Gott auf wunderbare Weise für ihn.

Der Verstand führt uns zum Verstehen des Geschehens um uns und in uns. Unser Gemüt hingegen ist wie ein Kristall, der die Strahlen auf einen Brennpunkt hinleitet und dann mit Energie geladen zurückgibt. – Treffend sagt ein arabisches Sprichwort: „Des Mannes Wert ist im Gemüte und in der angestammten Güte."

Der Mensch bleibt ein Suchender. Nur zu oft tappt er im Dunkeln. Sein Licht ist zu schwach.

Christus allein ist „lumen de lumine".

Er ist es, der den Menschen in ihrer Sprache die Wahrheiten Gottes kündet.

Christus ist das Licht, das in die Finsternis kam. Maria, die Mutter des Herrn, hat dieses Licht gebracht. Und dem Pilger Rochus leuchtete es in seiner Not in sein Herz und brachte ihm Rettung.

Für Rochus begann der Advent im Walde.

Eine Quelle entsprang vor der verlassenen Hütte. Und der Verstoßene spürte die Nähe des Herrn. Er erquickte sich mit frischem Wasser.

Aber es hungerte ihn. Zu derselben Stunde saß ein Ritter mit Namen Gotthard bei Tisch. Als er das Brot schnitt, schnappte sein Hund ein Stück weg, trug es in den Wald und legte es vor Rochus nieder.

Dies geschah auch die folgenden Tage.

Dem Ritter fiel das Forteilen seines Hundes auf. Er ging ihm daher nach und sah, wie Rochus das Brot vom Hund empfing, es segnete und aß.

Gotthard fragte den Heiligen, wer er sei und was er leide. Aber Rochus bat den Ritter, sich schnell zu entfernen, da er mit der Pest behaftet war.

Der Ritter ging nachdenklich nach Hause. Er kehrte aber bald zu Rochus zurück, um wie er ein armer Diener Jesu Christi zu werden.

Rochus unterwies Gotthard in göttlichen Dingen und im heiligmäßigen Leben.

Als er wieder genesen war und durch abermalige Krankenheilung das Lob und die Bewunderung des Volkes erregte, kehrte Rochus 1322 in seine Heimat nach Montpellier zurück.

Die Seuche aber hatte ihn so entstellt, daß ihn niemand mehr erkannte.

In Frankreich herrschte Krieg. Der heilige Rochus wurde für einen Spion gehalten und vor den Stadtrichter von Montpellier geführt.

Dieser, es war sein Onkel, schenkte aber den Worten des frommen Gottesmannes keinen Glauben. Er erkannte ihn nicht und ließ ihn in den Kerker werfen.

Fünf Jahre lang schmachtete Rochus im Gefängnis, aus dem ihm ein einziges Wort Befreiung gebracht hätte. Er aber wollte im Leiden ausharren bis zu seinem letzten Atemzug.

1327 spürte der Zweiunddreißigjährige, daß sein Leben zur Neige ging, und er bat um einen Priester.

Während er die Kommunion empfing, lag ein lichter Schein auf seinem Angesicht.

Nach dem Tod des Heiligen konnte man auf der geschwärzten Mauer des Gefängnisses in hellen Buchstaben den Namen „Rochus“ lesen.

Starkmut und Seelengröße finden im Kreuz Christi ihre Quelle und Kraft.

Apfel der Eva

Der Heilige Abend war gekommen. Zu später Nachtstunde brach die ganze Familie auf. Ich war das erstemal mit dabei. Wir schritten durch die verschneite Landschaft.

Oben am Himmel funkelten die Sterne. Einer von ihnen schien, als würde er jeden Moment herunterfallen, so eigenartig glänzte er.

Mein Gewissen wurde unruhig ... ob das mit dem gestohlenen Christbaum so ganz in Ordnung war?

Mit dem gestohlenen Christbaum ist es eine eigene Geschichte. Kurz sei sie hier erzählt.

In meiner Heimat machte zu meiner Kindheit Tage der Spruch die Runde: „An Christbam muaßt stöhl'n, donn wochst da Hoban nächst's Johr bessa."

So fuhr auch ich kurz vor dem Heiligen Abend los – ich war damals beinahe zwölf Jahre alt und „aufgeklärt" über das Christkind –, um einen Christbaum zu stehlen für meinen jüngeren Bruder Anton, der behindert war. Dieser „Diebstahl" jedoch belastete mein Gewissen auch noch in der Heiligen Nacht.

Erst einen Monat später hat mein um elf Jahre älterer Bruder Rudolf bei der Waldarbeit herausgefunden, daß ich den Christbaum aus unserem eigenen Wald gestohlen hatte ...

Unterdessen waren vier weitere Weihnachten, die ich daheim im Elternhaus verbringen und erleben durfte, vorübergezogen. Und nun befand ich mich das erstemal in der Fremde.

Fern von daheim zu Weihnachten.

Eine denkwürdige Christnacht war es.

So stand ich eines Tages vor einem großen zweistöckigen Gebäude, mitten auf freiem Feld, mit dem Dorf nur durch einen kleinen Laubwald verbunden. In jener windigen Gegend des Steinfeldes hatte das Wäldchen seine Schutzfähigkeit wahrlich stets unter Beweis zu stellen.

In diesem Studienheim „Maria Hilf" in Unterwaltersdorf, dort sollte ich bis zu meiner Abreise in die Chinamission vier Jahre lang mein Daheim finden.

Wo befindet sich dieses Unterwaltersdorf – von uns Studenten nur kurz UW genannt –, in dem ein Textilbetrieb von beachtlichem Ansehen angesiedelt ist? – Die Antwort: in der Nähe von Ebreichsdorf.

Die Marktgemeinde Ebreichsdorf mit 10.000 Einwohnern liegt auf einer Seehöhe von 201 Metern und an der Bundesstraße Nr. 16, dreißig Kilometer südlich von Wien. – Sehr berühmt ist das Drasche-Wartinbergsche Schloß, eine Wasserburg, 1529 von den Türken zerstört und im 16. Jahrhundert neu erbaut.

Eine beeindruckende Christnacht war es während meiner Studienzeit. Ein einmaliges Erlebnis.

Unser Studienleiter Dr. August Pils hatte mit talentierten Kollegen ein Bühnenstück mit dem Titel „Denkwürdige Krippenfeier" einstudiert.

Ich saß da, mäuschenstill, mit offenen Sinnen und bereitem Herzen.

Der heilige Bonaventura berichtet im „Leben des heiligen Franziskus" von jener denkwürdigen Krippenfeier, die der seraphische Heilige in der Christnacht 1223, also drei Jahre vor seinem Tod, in den Wäldern neben dem Kloster Greccio abhielt.

Von Rom aus hatte er einen Freund mit der Vorbereitung der Feier beauftragt. Man schlug im Wald eine Krippe auf, legte Heu und Stroh hinein, Ochs und Esel standen dabei.

Kaum hatte das Volk Kunde davon erhalten, strömte es auch schon in hellen Scharen herbei, um an der nächtlichen Feier teilzunehmen.

Um Mitternacht wurde die heilige Messe draußen im Wald gefeiert, wozu sich der Heilige die Erlaubnis vom Papst erbeten hatte.

Franziskus selbst diente als Diakon und sprach in ergreifenden Worten zu dem andächtigen Volk von der Liebe des Kindleins von Bethlehem.

„Überwältigt vom Übermaß seiner Andachtsglut", sagt ein anderer Lebensbeschreiber, Thomas von Celano, „von Freude überströmt, stand der Heilige bei der Krippe ... mit Worten voll Süßigkeit sprach er vom armen König, der in dieser Nacht geboren war ... Jedesmal, wenn er den Namen Jesus nennen wollte, überwältigte ihn das Feuer seiner Liebe, und er nannte ihn statt dessen ‚das Kind von Bethlehem'."

Die Darstellung auf der Bühne unseres Missionshauses war so treffend, daß ich danach zutiefst bewegt in den Schlafsaal ging.

Mundstumm
können wir uns
verständigen
mit Blumen und Bäumen,
kraft der Gedanken.
Des Menschen Wesen
wird dabei
zum Sender,
die Pflanze
zum Empfänger.
Nur feinfühliges
Handeln
bereichert
unser Leben.

74 Kollegen hatten hier ihren Schlafplatz. Insgesamt gab es drei dieser Schlafsäle.

Auf diese Weise, herausgerissen aus der bäuerlichen Umwelt meines Elternhauses, fing ich an, hineinzuwachsen in die große Welt, die meine Vorstellung von früher bei weitem übertraf.

Die heutige Krippendarstellung mit festen Figuren wird in Deutschland zum erstenmal im Jahre 1550 schriftlich erwähnt.

Eine der ersten prachtvollen Krippen, die in Süddeutschland zur Aufstellung gelangte, war jene in der St. Michaelskirche in München. Sie blieb damals bis zum Oktavtag von Epiphanie stehen.

Jeden Abend wurde vor ihr eine musikalische Litanei und eine „Christkindlandacht" gehalten, die bis auf unsere Tage fortbesteht.

Die Heilige Schrift weiß uns zu berichten.

„Adam nannte seine Frau Eva, das heißt Leben, denn sie wurde die Mutter aller Lebendigen." (Gen 3, 20)

„Ich fürchte aber, wie die Schlange einst durch ihre Falschheit Eva täuschte, könntet auch ihr in euren Gedanken von der aufrichtigen und reinen Hingabe an Christus abkommen." (2 Kor 11, 3)

Im großen Namenstagskalender lesen wir für den 24. Dezember, den Heiligabend: „Adam und Eva. Heute wird das Gedächtnis der Stammeltern begangen. Nach der Lehre der Väter hat Gott Adam und Eva begnadet und Eva so der Erlösung teilhaftig gemacht."

„Die Schlange war schlauer als alle Tiere des Feldes, die Gott, der Herr, gemacht hatte. Sie sagte zu der

Frau: Hat Gott wirklich gesagt: Ihr dürft von keinem Baum des Gartens essen?

Die Frau entgegnete der Schlange: Von den Früchten der Bäume im Garten dürfen wir essen; nur von den Früchten des Baumes, der in der Mitte des Gartens steht, hat Gott gesagt: Davon dürft ihr nicht essen, und daran dürft ihr nicht rühren, sonst werdet ihr sterben.

Darauf sagte die Schlange zur Frau: Nein, ihr werdet nicht sterben. Gott weiß vielmehr: Sobald ihr davon eßt, gehen euch die Augen auf; ihr werdet wie Gott und erkennt Gut und Böse.

Da sah die Frau, daß es köstlich wäre, von dem Baum zu essen, daß der Baum eine Augenweide war und dazu verlockte, klug zu werden. Sie nahm von seinen Früchten und aß; sie gab auch ihrem Mann, der bei ihr war, und auch er aß." (Gen 3, 1–6)

Eva war klein und zierlich.

Maria hingegen groß, stark und beleibt.

Die erste war lieb und nett zu mir.

Die zweite jedoch schroff und befehlend.

Ich mochte beide gern. Obwohl ich lieber bei der Eva war. Jede freie Stunde huschte ich hin zu ihr und half ihr. Sie schickte mich stets in den Obstkeller.

Wer waren diese beiden Frauen?

Es waren zwei Ordensschwestern aus der Gemeinschaft der geistigen Töchter des heiligen Johannes Bosco. Man nannte sie „Mariahilf-Schwestern".

Schwester Maria war die Oberin.

Schwester Eva hingegen war die Küchenschwester.

Der Obstkeller oblag der Obhut von Schwester Eva. Er war ihr anvertraut.

Das Schwesternhaus grenzte an das Missionshaus an. Durch einen Drehschalter wurden die Speisen sowohl für die Oberen als auch für die Studenten herübergereicht.

Meine Aufgabe war es, den Obstkeller zu überprüfen. Leicht angefaultes Obst nahm ich heraus, gab es in einen Behälter und trug es in die Küche, damit es noch verwertet werden konnte.

Schwester Eva steckte mir öfters einen Apfel zu.

Zu besagtem Weihnachtsfest aber bekam ich von ihr eine Schachtel. Sie war in Packpapier eingewickelt. Darauf stand in gotischen Buchstaben mit Bleistift geschrieben: „Kleines Christkindl für Weidinger".

Voller Stolz trug ich dieses Geschenk zu meinem Nachtkasterl im Schlafsaal. Ich wollte es erst nach der Theateraufführung öffnen.

Der Frauengruber aus der Gegend von Mariazell drängte sich an mich heran: „Loß einischaun."

„Gib ma a an Opfel von da Eva!"

Das hatte sich bald herumgesprochen.

Mit Müh und Not rettete ich noch einen Apfel der Eva für mich allein.

So wurden bei uns daheim Bratäpfel zubereitet:
Von ausgereiften, aber nicht überreifen Äpfeln
das Kerngehäuse samt Stiel herausstechen.
Das untere Loch mit einem Stück Hartkäse auffüllen.
Von oben her einen Teelöffel voll Schwarze-Johannisbeer-
oder Heidelbeer-Marmelade und ebensoviel Honig einfüllen
und wieder mit Käse verschließen.
An der Außenseite des Apfels wird an drei Stellen
gleicher Entfernung in die Schale ein Schnitt gezogen.
Danach legt man die so vorbereiteten Äpfel in heiße Holzasche
oder einfach ins Backrohr.
Am besten munden die Bratäpfel warm vom Ofen weg genossen.
Man kann sie auch noch mit gehackten Walnüssen
und Zimt bestreuen.

Weihnacht in Taiwan

Im Reich der Mitte, zur Regierungszeit des Tchao, lebte ein Mann, der sein Kreuz mit den Mäusen hatte. Er konnte ihrer einfach nicht Herr werden. Er wußte davon, daß im Dorf ein gewisser Tschon-chan einen Kater besaß.

Das Ganze hatte jedoch einen Haken.

Der Katzenvater des Tschon-chan war zwar äußerst tüchtig, wenn es darum ging, Mäuse zu jagen. Er hatte aber leider auch die Angewohnheit, Hühnern nachzustellen und sie zu verzehren.

Der Leih-Kater wurde bewilligt und eingesetzt.

Kaum war ein Monat vergangen, da war bereits die letzte Maus im Haus verschwunden. Aber nicht nur das. Auch der gesamte Hühnerbestand dieses gewissen Herrn war aufgefressen.

Schwer bloß konnte der Sohn des Hausherrn diesen Tatbestand ertragen.

Er trat vor seinen Vater hin und sagte: „Warum verjagst du den Leih-Kater nicht?"

Gelassen antwortete jedoch der Vater: „Es handelt sich dabei um eine Sache, die du nicht verstehst. – Unsere heikle, schwierige Lage, sie entstand wohl dadurch, daß wir im Haus Mäuse und nicht dadurch, daß wir Hühner hatten.

Hätten wir noch weiterhin Mäuse im Haus, dann würden diese uns die Lebensmittel stehlen, unsere Kleider ruinieren, Löcher in die Hauswände hineinnagen, sie würden unsere Geräte und Werkzeuge zugrunde richten, und wir würden bestimmt an Kälte und Hunger sterben.

Ganz anders verhält sich die Lage aber, da wir kein Geflügel mehr haben. – Welche Nachteile erwachsen uns schon daraus?

Wenn wir keine Hühner haben, dann können wir keine essen. Und damit ist die ganze Angelegenheit abgetan. – Wir sind noch lange davon entfernt, hungern zu müssen oder durch Erfrierung zu sterben.

Aus welchem Grund also willst du den Kater unbedingt verjagen?"

Taiwan ähnelt der Gestalt nach einem Tabakblatt. Die Provinz Taiwan besteht aus insgesamt 79 Inseln: der Hauptinsel Taiwan, 13 größeren Inseln sowie den Pescadoren-Inseln, den Fischerinseln.

Taiwan zeichnet sich durch ein extrem maritimes Klima aus. Wohl der charakteristischste Baum der Wälder im gebirgigen Innern ist der Kampferbaum, ein Lorbeergewächs. Dieser Baum fällt durch seine breite Krone auf und kann Höhen bis zu 50 Meter erreichen. Aus ihm wird Kampfer gewonnen, oder man verarbeitet sein Holz zu Möbeln.

Der formosische Tiger, einer der Charaktertiere der Insel, auf vielen Gemälden und Abbildungen noch heute zu sehen, ist nur noch in ganz wenigen Exemplaren erhalten.

Angelus Silesius,
der Barockdichter,
sagte treffend:
»Wäre Christus
tausendmal
in Bethlehem geboren
und nicht in dir,
du wärest doch verloren.«
Im Philipperbrief
heißt es:
»Ich sehne mich danach,
aufzubrechen
und bei Christus zu sein.«

Da mir die große Aufgabe zuteil wurde, in China das Evangelium zu verkünden, konnte der Schatz der reichlichen klassischen Literatur nicht unbeachtet bleiben. Ich hätte sonst wohl kaum die Seele dieses tiefsinnigen Volkes erfassen können.

Fehlt einem selbst nämlich das Verständnis für einen anderen, dann kann man ihm auch nicht die Frohe Botschaft Christi vermitteln.

Die Erzählung vom Kater und den Mäusen habe ich von einem Geschichtenerzähler am Bahnhof von Taipeh gehört. Sie stammt von Lieou Ki, der von 1311 bis 1375 unserer Zeitrechnung, zur Zeit der Dynastie Yuan, lebte. Der Dichter, Mathematiker, Wahrsager, Literat und Patriot trug viel zur Gründung der Ming-Dynastie bei. Der erste Minister des T'ai Tsou, der Angst vor seinem Einfluß hatte, ließ ihn vergiften.

Es war knapp vor Weihnachten Anfang der fünfziger Jahre, da bestieg ich in Taipeh, der Hauptstadt von Taiwan, die Eisenbahn, um nach Kaohsiung zu fahren. Es handelte sich um eine Strecke von 376 Kilometern, und die Fahrzeit betrug sechs Stunden.

„Senghtan-shan", „Bote der heiligen Weihnacht", „fattorino di Natale", „Laufbursch des Geburtsfestes des Herrn". So nannten sie ihn, den Missionar. Und das nicht unbegründet. Es war kein Zufall, daß dieser Mann ich selber war. Denn ich nahm meinen Auftrag, ein Bote des Herrn zu sein, sehr ernst.

Daß der Gottessohn auf diese unsere Welt kam, und noch dazu als ein unbeholfenes Kind, das war für den allmächtigen, gerechten Gott keine Spielerei, sondern Seine volle Absicht.

Von diesen Gedanken geleitet, beschäftigte ich mich mit der Herausgabe von Schriften mit religiösem Hintergrund.

Ich pflegte Kranke und Leidende. Half den Sterbenden, nicht hoffnungslos aus diesem Leben zu scheiden. Bemühte mich auch, junge Burschen zum Priester- und Ordensstand zu führen. Und ich war gerne bereit, ihr Seelenführer zu sein.

Eigenlob rangiert im Sprichwörterschatz nicht gerade an ehrenhaftester Stelle. Ganz im Gegenteil.

Selbsterkenntnis aber, vom Lichtstrahl der Gerechtigkeit und Aufrichtigkeit beleuchtet, darf auch nicht unter den Scheffel gestellt werden.

„Wenn eine Frau zehn Drachmen hat und eine davon verliert, zündet sie dann nicht eine Lampe an, fegt das ganze Haus und sucht unermüdlich, bis sie das Geldstück findet? Und wenn sie es gefunden hat, ruft sie ihre Freundinnen und Nachbarinnen zusammen und sagt: Freut euch mit mir; ich habe die Drachme wiedergefunden, die ich verloren hatte.“ (Lk 15, 8–9)

Heißt nicht ein altes Sprichwort: „Wo Tauben sind, da fliegen Tauben zu“? Und ein anderes: „Wer hat, dem wird noch dazugegeben werden“?

Das stimmt ohne Rückhalt in meinem Leben. Denn immer, wenn ich meinte, ich hätte schon Arbeit genug, da wurde mir eine neue zugeschoben.

So war es auch im Jahre 1951.

Der Gesandte des Heiligen Vaters in China wurde von der kommunistischen Regierung unter Mao Tsetung verhaftet und in Shanghai in Kerkerhaft genommen. Sein Sekretär blieb frei.

Ich kannte ihn nicht. Er aber spürte mich auf und gab mir Aufträge, die ich auszuführen hatte.

Und so wurde ich ungewollt, aber in der Tat zum „Kurier des Vatikans".

Der Flug von Hongkong nach Taiwan, Hauptstadt Taipeh, dauert nicht länger als 90 Minuten.

Konkrete Aufträge, die ich bekam, bestanden kurz zusammengefaßt darin, das Kommen des Internuntius Erzbischof Antonio Riberi als Gesandter des Vatikans in Nationalchina unter dem Präsidenten Tschiang Kai-schek vorzubereiten.

Als Tschiang Kai-schek durch die Roten Horden gezwungen wurde, China schrittweise zu verlassen, hielt er sich mit einer Schar treuer Anhänger und Gegner des Kommunismus in Hanoi, Vietnam, auf. Bald kam er nach Taiwan, Formosa. Eine Insel, die fünfzig Jahre lang von den Japanern besetzt war. Nachdem diese den Zweiten Weltkrieg verloren hatten, fiel sie 1945 wieder China zu. 1950 rief Tschiang Kai-schek auf Taiwan die Republik China aus.

Mein Auftrag lautete weiters, „Katholische Zentren" auf dieser Insel zu gründen und zu leiten.

Ich war damals Beichtvater bei den Krankenhausschwestern in Kaohsiung, die in ihrem 50-Betten-Spital arme Kranke pflegten und täglich unzählige Patienten ambulant behandelten.

Am Weihnachtstag durfte ich in der Missionskirche die Festmesse feiern, wobei chinesische Lieder gesungen wurden. Eines davon klingt mir heute noch in meinen Ohren nach.

Eigenartig war die Melodie, sie glich fast einem Tiroler Jodler.

Der Titel des Liedes hieß: „Ich bin ein Christ, ein katholischer Christ, treu dem Herrn Jesus und dem Papst in Rom.“

Diese Liebe zur Religion und somit zu Gott hatte mich ergriffen und mir sozusagen Flügel geschenkt. Sodaß sie mir alle Mühe, Missionar zu sein, leicht machte und mich besonders in diesem Augenblick beflügelte, da ich mit der Eucharistiefeier am hochheiligen Christtag begann.

Es war noch hellichter Tag.

Heiß brannte die Sonne an jenem Südteil der Insel mit tropischem Klima hernieder.

Und dann kam die Wandlung in der heiligen Messe. Ich, der Zelebrant, schenkte nun meine ganze Aufmerksamkeit dem Brot auf der Patene und dem Wein im Kelch. An ihnen sollte sich ja das große Mysterium der Verwandlung in den Leib und das Blut des göttlichen Sohnes Jesus Christus vollziehen.

Da fliegt etwas auf mich zu.

Es landet geräuschlos auf den Bambuszweigen, die in ihrem hellen Grün dem heiligen Geschehen als Weihnachtsschmuck die Ehre geben sollten.

Dieses „Etwas“ faltet die großen, bunten Flügel.

Ehrfurchtsvoll scheint diese Haltung.

Einen Augenblick nur lasse ich mich von dem heiligen Geschehen ablenken.

Neu gesammelt, spreche ich laut und deutlich die Worte der heiligen Wandlung: „Hoc est enim corpus meum ...“

Mehr als vierzig Jahre sind unterdessen vergangen. Doch der riesengroße Schmetterling, der so andächtig und still bis zum Ende der heiligen Handlung dasaß, dann aber auf einmal verschwunden war, er verschwand nicht aus meinem Gedächtnis.

Weihnachten, das Geburtsfest des Herrn, dieses Fest berührt die gesamte Schöpfung. Nicht nur den Menschen, sondern auch die Tiere.

Bei dem Besucher am Altar handelte es sich um den sogenannten Blattfalter. Diese Schmetterlingsart ist in Südasien heimisch und kann eine Flügelspannweite bis zu 85 Millimeter erreichen. Mit zusammengeklappten Flügeln sieht das Insekt wie ein Blatt aus.

Schmetterlinge sind für viele Menschen nur bunte, duftige Gebilde, die an sonnigen Sommertagen über Blumenwiesen gaukeln, in unserem Garten auf Blumen sitzen, um Nektar zu saugen.

Wußten Sie, daß die Ihnen bekannten Arten, wie Zitronenfalter, Weißling, auch Kohlweißling genannt, Tagpfauenauge, Kleiner Fuchs und Bläuling, nur fünf von über 2000 Arten sind, die bei uns leben?

Wußten Sie, daß bestimmte Schmetterlingsarten sogenannte „Schreckaugen" besitzen? Oder daß sie sich bis zur Unsichtbarkeit tarnen können, um ihren Freßfeinden zu entgehen?

Schmetterlinge gehören zu den Lieblingen von uns Menschen. Sie begeistern uns durch ihre Fülle an Formen und Farben und auch durch ihre Harmlosigkeit.

Schmetterlinge sind ein Teil der wunderbaren Schöpfung Gottes. – Wir sollen uns daher an ihrem Dasein erfreuen.

Wir wollen die bunten Gaukler aber auch beschützen und ihnen helfen, daß sie in unserem Lande nicht aussterben und vernichtet werden.

Weihnachten 1951 in Taiwan werde ich nie vergessen. Manchmal noch denke ich an den seltsamen Anbeter in vielbunten Flügeln.

Teemischung, um ein besinnliches Weihnachtsfest zu feiern:
Rote-Rosen-Blütenblätter 40 g,
Quendel, Johanniskraut und Lavendel je 15 g,
Eisenkraut, Ysop und Goldmelissenblüten je 5 g.
2 Teelöffel voll dieser Mischung,
2 Gewürznelken und ein kleines Stückchen Zimt
mit 1/4 l kochendem Wasser übergießen,
15 Minuten zugedeckt ziehen lassen, danach abseihen.
Vor den Feiertagen abends jeweils eine Tasse dieses Tees
schluckweise trinken.
Er hilft, daß man der heiligen Weihnacht
mit offenem Herzen und freudigem Gemüt entgegengeht.

Im Land des Amazonas

Ihr Vater war Webermeister in einer großen Fabrik des Steinfeldes. Als Student habe ich die beiden Brüder kennengelernt. Der ältere Sohn Josef kam 1937 auf Heimaturlaub. Er war Missionsbischof im Land des Amazonas. Bei seiner Rückkehr nahm er auch seinen jüngeren Bruder Stephan mit, der drüben zum Priester geweiht wurde.

Eines Abends erzählte uns der Bischof Josef Domitrowitsch über sein Missionsgebiet in Brasilien, das in mir größtes Interesse wachrief.

Wenn der Amazonas auch nicht der längste Fluß der Welt ist, so ist er ohne Zweifel der großartigste.

Das Amazonasgebiet ist ein riesiges Treibhaus der Evolution. Hier gibt es ein Zehntel der zehn Millionen Arten von Lebewesen der Erde: 2.500 Fischarten, 50.000 höhere Pflanzengattungen und natürlich unzählige Insekten.

Der Amazonas, ein Strom mit tausend Nebenflüssen, der ein riesiges Tiefland entwässert und sich über nicht weniger als acht Staaten Lateinamerikas erstreckt, beherrscht Brasilien.

In dieses Land des Amazonas durfte ich reisen. Vor fünf Jahren in der Adventzeit besuchte ich dort meine zwei Mitbrüder, Herrn Bernhard und Herrn Milo.

Am Rande des Urwaldes haben sie die Pfarre Itinga übernommen und vor kurzem auch ein Prämonstratenser-Priorat errichtet.

Pfarrer Bernhard schreibt in einem seiner Rundbriefe: „Eine schöne Bescherung kommt schon vor dem Nikolausfest. Leider wurden uns innerhalb von zwei Wochen zwei Autos gestohlen. Diebesbanden und Rauschgift-Banden ... sind auch die Folgen des Elends und der Ungerechtigkeit.“

„Abseits der großen Durchzugsstraße, die unsere Pfarre durchquert, und der wichtigsten Nebenstraßen, in der sich kleine Geschäftsleute niedergelassen haben, liegen die Wohn- und Elendsviertel der vielen kinderreichen Familien.

Vielfach gibt es keine Kanalisation, Abflüsse ... Schulen fehlen. Die medizinische Versorgung läßt zu wünschen übrig.

Viele Menschen sind arbeitslos. Und der Mindestgehalt von 800,– Schilling pro Monat reicht nicht aus, um die hungrigen Mägen zu sättigen. Die allerärmsten sind vielfach die Kleinkinder und die Kranken.

Der jüngste Kranke, zu dem ich gestoßen bin, ist zehn Monate alt. Er hat das Gewicht und die Entwicklung eines zwei Monate alten Kindes.

Trotz seiner Schwäche ist der kleine Paolo lieb und sogar kontaktfreudig.

Da die Mutter als Straßenräumerin etwas Geld verdienen wollte, blieb das Kind tagsüber mit vier Geschwistern zwischen zehn und zwei Jahren allein in der Hütte, ein Raum für sieben Personen.

Das wenige Essen reicht nicht für alle.

Der Herr
gab dir zwei Hände.
Die eine Hand für dich,
die andere
für deine Mitmenschen:
zum Helfen, zum Trösten,
zum Lindern der Not.
Dort, wo Elend herrscht,
Not und Verzweiflung,
ermüde nicht und hilf!
Der Herrgott lohnt es
dir reichlichst!
Und ich sage dir
ein »Vergelt's Gott«.

Das Jüngste kann sich noch nicht wehren.

Da die Gemeinde nun aus Geldmangel mehr als hundert Angestellte entließ, sind die Mutter und auch der Vater arbeitslos.

Zwei Mütter der Kinderpastoral der Pfarre werden die Familie begleiten und versuchen, weiterzuhelfen. Vielleicht gelingt es uns, das Kind zu retten und der Familie Hoffnung zu geben."

Nun wurde die Suppentopf-Aktion ins Leben gerufen. Die Händler am Gemüsemarkt stellen das nicht verkaufte Restgemüse zur Verfügung. Daraus wird in einem großen Kessel eine dicke Suppe gekocht, und die wird täglich einmal in die Straßen gebracht.

Die bedürftigen Familien können sich so wenigstens einmal sättigen.

Und wir stehen mit sattem Magen mehrmals täglich vom Tisch auf. „Herr, sättige, die Hunger haben."

Wenn Weihnachten kommt, dann haben wir alle Grund genug, ein wenig besinnlich zu sein. Sagt doch der heilige Augustinus:

„Du wolltest Gott sein, obwohl du Mensch warst und gingst so verloren.

Er wollte Mensch sein, obwohl Er GOTT war, um zu suchen, was verloren war.

So schwer schlug dein menschlicher Stolz dich nieder, daß nur die Demut Gottes dich wieder aufrichten konnte."

Immer, wenn es Weihnachten wird, lohnt es sich, ein wenig Stille zu halten, mit Gott wieder mehr ins Gespräch zu kommen.

Immer, wenn es Weihnachten wird, gilt es zu streichen, was nicht unbedingt notwendig ist, und sein Leben in kleinen Schritten zu ändern.

Es gilt auch, für Freunde und Angehörige etwas mehr Zeit zu haben und für Gott und Seine Liebe Raum zu schaffen.

Vergessen wir die Notleidenden nicht. Die Fernstenliebe darf zur Zeit, da wir die große Huld Gottes erleben, daß Er Mensch wird und in unsere Herzen kommt, niemanden ausklammern.

Gott, vor Dir ist alle Finsternis Licht,
und tausend Jahre sind wie ein Tag.
Du weißt Anfang, Dauer und Ende unseres Lebens
und leitest uns alle durch die Zeit zur Ewigkeit.
Wir wissen nicht,
was in diesem Jahr mit uns geschehen wird.
Aber wir wissen:
denen, die Dich lieben,
wird alles zum Guten.

Von diesen Gedanken beseelt, bin ich in der zweiten Adventwoche 1991 nach Brasilien gereist, lag doch ein triftiger Grund vor.

Am 8. Dezember nämlich übergab Erzbischof Kardinal Lucas Moreira Neves meinen beiden Mitbrüdern eine 60.000-Einwohner-Pfarrgemeinde im Armenviertel am Stadtrand von Salvador da Bahia.

Zur damaligen Zeit stand dort nur der Rohbau einer Hallenkirche, die bis zu ihrer Vollendung noch viel Arbeit und Geld kosten sollte.

Obwohl ich selbst geraume Zeit Missionar in China war und weiß, was es heißt, Sendbote Christi, Missionar zu sein, war ich in Brasilien betroffen, wieviel Not es da zu lindern gibt. Aber nicht nur davon, sondern auch vom Durst, der unter den Menschen herrscht, im Glauben Trost und Hilfe zu finden.

Eine Woche lang konnte ich den einen oder den anderen Missionar zu den einzelnen Außenstationen begleiten. Die Pfarre umfaßt ein Gebiet von hundert Quadratkilometern und weist das drittgrößte Bevölkerungswachstum in ganz Brasilien auf.

Zutiefst war ich von den begeisterungsfähigen Menschen bewegt. Und das gab mir wieder Auftrieb.

Setze ich mich doch in der Heimat für die finanziellen Belange dieser Mission ein und verwalte ihre Spendenkonten zum Bau von Kirchen und Schulen.

1999 erhielt die Erzdiözese São Salvador da Bahia zwei weitere Weihbischöfe ernannt. Darunter den ersten schwarzen Bischof der Geschichte dieser Erzdiözese. Kurz nachdem Dom Lucas Moreira Neves, Kardinal und Primas von Brasilien und auch Präsident der brasilianischen Bischofskonferenz, nach Rom berufen wurde. Der Heilige Vater ernannte ihn zum Präfekten der Bischofskongregation – eine wichtige Funktion, was die Bischofsernennungen betrifft.

Ich bin glücklich, einen Kirchenmann wie Kardinal Neves getroffen zu haben. Jedes Jahr, wenn die violette Kirchenfarbe in unsere Gotteshäuser einzieht, dann denke ich an die Erlebnisse in Brasilien zurück.

Der Advent in Itinga gehört zu den herzerwärmendsten Ereignissen meines Priestertums.

Das Tagesgebet der Kirche am dritten Adventsonntag drückt dies so ganz und gar aus:

„Allmächtiger Gott, sieh gütig auf dein Volk, das mit gläubigem Verlangen das Fest der Geburt Christi erwartet. Mache unser Herz bereit für das Geschenk der Erlösung, damit Weihnachten für uns alle ein Tag der Freude und der Zuversicht werde. Darum bitten wir durch Jesus Christus. Amen."

Bevor ich mich losreiße von Brasilien, blicke ich im Geiste noch ein wenig zurück und empfehle dieses Land dem lebendigen, allmächtigen Gott.

Während der Weihezeremonie des Altares der neuen Pfarrkirche in Itinga und dem feierlichen Hochamt durfte ich mit Seiner Eminenz, dem hochwürdigsten Herrn Kardinal, konzelebrieren.

Nach dem Gottesdienst kleideten wir uns in einem Raum der angrenzenden Handwerkerschule um. Die Temperatur lag bei über 40 Grad Celsius. Mir wurde übel. Pfarrer Bernhard meinte, ich solle mich doch in sein Auto setzen und die Fenster herunterdrehen.

Er gab mir den Autoschlüssel.

Ich wollte die Autotür aufsperren.

Tat es auch, und da ...

Es erklang eine lange Kette lauter tütütütü-Töne.

Ich war sehr erschrocken. Die vielen Umstehenden waren es ebenfalls und liefen davon.

Da eilte Pfarrer Bernhard aus dem Haus, finster dreinblickend, und sagte: „Abschalten!"

Er lief rasch zum Auto, drückte auf einen Knopf, und die Sicherheitsvorrichtung war auch schon abgestellt.

Ja, so ist es in einem Land am Amazonas, wo tiefstes Elend herrscht. Wo leider nicht wenige vom Diebstahl leben müssen.

Denken wir doch hin und wieder daran, wieviel Elend es in der Welt gibt!

Und dann ... haben wir auch ein Herz für Itinga.

Erdäpfelspeisen schenken uns Kraft.
Sie sind dazu noch billig und eignen sich daher
gerade für die Adventzeit vortrefflich.
Beim Erdäpfelgulasch werden anstelle von Fleisch
rohgeschälte, würfelig geschnittene, mehlige Erdäpfel verwendet.
Es wird wie herkömmliches Gulasch mit Zwiebel, Paprikapulver,
Majoran, Kümmel und Salz hergestellt und abgeschmeckt.
Man kann noch weichgekochte Bohnen hinzufügen.
Dazu wird Schwarzbrot gegessen.

Der Krippenschnitzer

Über den Obstgärten draußen liegt trübe, blaugraue Nebeldämmerung, als wollte die Sonne heute nicht mehr hervorkommen. Aber umso heller strahlen vor mir auf dem Kranz die Adventkerzen. Ein süßer Duft von Sommer und Honig steigt zu mir empor, und eine bescheidene Spur Tannenduft findet den Weg zu meinem Riechorgan. Das weckt in mir holdselige Erinnerungen an jene Tage, wo ich als Student in den Ferien im Zillertal war.

Dort machte ich in Ramsau, Zell am Ziller, die Bekanntschaft eines Krippenschnitzers.

„Kripp'n muaß ma im Summa schnitzn, so tramt ma de schenst'n G'schichtn."

Und solch eine „G'schicht" erzählte er mir.

Ich versuche, sie nachzuerzählen.

Tief in der waldigsten Berggegend lag ein bescheidenes Dorf, weitab vom Getriebe. Keine Eisenbahn fand dort hin und kaum ein Postwagen. Die Postresl brachte einmal in der Woche, und im Winter weißgottwann, die Zeitung und die Briefe. Doch dieses Abgeschlossensein störte die Einheimischen kaum.

Die Menschen lebten dort friedlich ihren Tag und schliefen die Nacht, wie das vom lieben Gott so eingerichtet ist.

Im Sommer werkten die Leute mit Freude in der freien Natur, auf ihren Wiesen und Almen. Sie bestellten ihre bescheidenen kleinen Äckerchen ums Haus. Rührten Butter und machten Käselaibe.

Im Winter, nachdem der Holzschlag im Wald verschneit und nicht mehr zugängig war, übten sie alle, Mann und Weib, jung und alt, ein ererbtes Handwerk aus: sie schnitzten Spielzeug und bemalten es mit buntleuchtenden Farben.

Um die Weihnachtszeit kamen ein paar Händler über den Berg den Wald heran, erstanden zu geringem Preis, was der Fleiß der Dörfler erarbeitet hatte, und brachten die Ware in die grell erleuchteten Auslagen der städtischen Läden.

In diesem Jahr aber waren die Händler ausgeblieben. Die Ware lag hoch gestapelt im Wirtshaus, wo der Verkauf sonst stets stattgefunden hatte.

Man wußte nicht ein noch aus.

In seinem Häuschen dicht neben der Kirche wohnte der Krippenschnitzer Kaspar, ein Mann von fast achtzig Jahren. Er betrieb sein Handwerk noch immer so, wie er es in der Jugend vom Großvater und von seinem Vater gelernt hatte.

Sobald er in der Werkstatt vor seinem Tisch saß, die Hobelbank im Rücken, Holz und Schnitzmesser vor sich, glich er einem Mann in der kräftigen Lebensmitte. Da sah man ihm sein Alter nicht an.

Martha, sein Weib, war gut zehn Jahre jünger, auch viel hurtiger in ihren Bewegungen, am flinksten aber mit der Zunge. Sie liebte zwar ihren Mann auf ihre Art, konnte sich aber mit dem armseligen Leben nicht abfinden, das sie an der Seite des Krippenschnitzers führen mußte.

Es ist oft recht eigenartig um die Menschen bestellt, sie bringen für mancherlei oberflächliche Vergnügungen viel Geld auf, aber nicht für ein Krippenwerk, obwohl es voller Bedeutung, voll inniger Gefühle und feinsinniger Gedanken ist.

Wenn an den frostklaren Tagen der Schatten des Kirchleins grottenblau auf den weißen Schnee fiel, da drang immer wieder aus dem Kaspar-Häuserl die keifende Stimme Marthas.

Er solle doch endlich von dieser seiner Arbeit ablassen, die kaum was bringt, um das tägliche Brot zu haben. Und sie könne den Tag nicht segnen, an dem sie sich auf ein solches Leben eingelassen hatte.

So zetterte die Frau vom Morgen bis zum Abend. Ein anderer als Kaspar hätte ihr schon längst die Leviten gelesen und ihre törichte Rede mit einem kräftigen Donnerwetter abgeschnitten.

Aber Kaspar ließ sich nicht aus der Ruhe bringen. Er legte das Schnitzmesser, das er gerade in der Hand hielt, vor sich auf den Tisch. Mit Nachdruck sagte er: „Ich werde meine Krippenfiguren weiterschnitzen. So wie bisher – und nichts daran ändern."

Wer eine Krippe schnitzt, der stehe mit dem Erlöser auf du und du, und da könne ihm niemand dazwischenreden, nicht einmal sein eheliches Weib.

Und während er das sagte, ließ er in sich gekehrt seine Augen zu dem alten, verwitterten Heilandsbild, das an der Außenseite der Kirche eingelassen war, hinüberwandern.

Gott in der Krippe:
Du hast keine Füße,
die ich mit meinen Tränen
benetzen,
keine Knie,
die ich umfassen,
keine Augen,
aus denen ich Gnade
und Verzeihung
für mich lesen,
keinen Mund, aus dem
ich sie hören könnte.
Du bist ein Gott-Mensch.
Dich brauche ich.

Diese und ähnliche Worte hatte Martha schon des öfteren gehört. Sie konnten aber nur wenig Eindruck auf sie machen.

Da geschah es, daß ihr eines Tages das helle Klingeln und Klingen der Schlittenglöckchen von der Dorfstraße herüberwehte.

Eilig ging sie nachzuschauen, steckte ihr doch die Neugierde in den Knochen.

Kaspar nahm lächelnd sein Schnitzmesser wieder in die Hand. Während er einen zwölfzackigen Stern aus dem Holz schnitt, dachte er darüber nach, was für ein Glück es doch sei, als ein Krippenschnitzer geboren zu sein und zu werkeln.

Denn wer über einer solchen Arbeit sitzt, für den ist doch das ganze Jahr Weihnachten, nicht nur zwischen dem ersten Advents- und dem Dreikönigstag, sondern immer, solange er mit dem Messer das Holz formt.

Freilich, das mußte sich Kaspar eingestehen, eine Weihnacht mit glänzenden Geschenken sei das nicht. Darum aber ist sie dem bethlehemitischen Geschehen doch näher als jede laute Festlichkeit. Denn der Heiland der Welt ist unter den Ärmsten der Armen auf die Welt gekommen, in einem Kripplein auf Heu und auf Stroh mitten im kalten Winter.

Während er so vor sich hin sinnierte, hatte er schon ein paar Zacken des künftigen Sterns aus dem Holz herausgeschnitzt.

Da riß plötzlich Martha die Tür weit auf, sodaß die Kälte ins Zimmer drang, und rief noch von draußen ihrem Manne zu, er möge sofort zum Wirtshaus kommen, der Händler aus der Stadt sei da.

Und der Mann wolle, o welche Freude, die große Krippe kaufen, Kaspars Hauptwerk in diesem Jahr.

Für diese große Krippe mit den vielen Figuren, Menschen sowie Tieren, böte der Städter soviel, wie ihnen nie für eine Krippe in Aussicht gestellt worden sei.

Und nun stand es da, das arme Weib. Rang nach Atem. Klapperte vor Kälte am ganzen Körper. Bis ins Innerste erregt war sie von dieser frohen Botschaft.

Kaspar vernahm die Worte und vernahm sie auch wieder nicht.

Er sagte nur, eine Krippe, an der noch der zwölfzackige Stern fehle, das sei keine Krippe, wie sie ihm vom Großvater und vom Vater überkommen sei. Und ohne den Stern könne er sie nicht verkaufen.

Sie, Martha, möge getrost ins Wirtshaus zurückgehen und den Kauf einstweilen abschließen. Er aber, Kaspar, werde den Stern inzwischen fertigstellen, aus gutem Lindenholz, und mit allen Zacken, und ihn dann ins Wirtshaus hinüberbringen.

Und nun möge sie die Tür wieder schließen, denn ihn friere schon, und die Finger würden ganz steif.

Martha schlug die Tür ins Schloß, mit einer Wucht, die man ihren siebzig Jahren kaum zugetraut hätte. Bekümmert stapfte sie den Weg ins Wirtshaus zurück. Sie seufzte dabei tief, und das aus zwei Gründen: Weil sie erstens Kaspars Starrsinn kannte. Und weil sie ihm etwas verschwiegen hatte, das er doch erfahren mußte, das zu sagen sie sich aber nicht getraute, obwohl sie sein Weib war.

Der Händler namens Gubitz stand im Wirtshaus und wartete auf den Krippenschnitzer Kaspar.

Die Weihnachtskrippe war nämlich diesmal nicht für die Spielzeugläden bestimmt, o nein. Er hatte sie für seine eigenen Kinder ausgesucht.

Herr Gubitz trat von einem Fuß auf den andern, während der Wirt im Hof die Pferde vor den Schlitten schirrte. Und dann kam Kaspar endlich doch.

Er hielt den zwölfzackigen Stern in der Hand, wie eine Blume aus dem Vorfrühling.

Der alte Kaspar trat ein, suchte nach seiner Krippe. Er fand dieselbe auf dem Tisch neben der Tür. Andächtig steckte er nun den Stern auf den First des Stalles von Bethlehem.

Herr Gubitz aber sagte: „Nun, mein Lieber, wo bleibt denn die Schaukelwiege?"

Da blickte ihn Kaspar verwundert an.

„Ich ließ doch durch Ihre Frau eine Schaukelwiege ..."

Kaspar richtete sich groß auf und wischte die Worte des Händlers mit einer einzigen Handbewegung fort.

„Meine Frau hätte ausrichten sollen? O, sie wußte wohl schon, daß das vergebens gewesen wäre!"

Da trat Herr Gubitz ein paar Schritte zurück und blickte bald auf Kaspar, bald auf Martha. So geschwind er sonst mit seinen Gedanken fertig war, diesmal wollten sie sich ihm nicht runden.

Zwei kleine Worte waren es schließlich, die er dann stammelte: „Wieso vergebens?"

„Weil das dem Sinn eines Kripplein widerspricht", sagte Kaspar leise, flüsternd fast. „Eine Schaukelwiege mag für verwöhnte Kinder taugen, aber nicht für unseren Herrn Jesus."

Herr Gubitz bekam einen roten Kopf. Er war es einfach nicht gewohnt, daß man sich weigerte, seine Befehle auszuführen.

Und außerdem war er nicht gesonnen, in diesem Dörferl, in das er übers Jahr wieder mit seinem klingenden Schlitten, vielleicht sogar mit dem Lastauto einzufahren gedachte, sein Ansehen untergraben zu lassen.

Er stampfte also mit dem Fuß auf und schrie: „Dann behalten Sie gefälligst Ihren Dreck!"

Kaspar lächelte.

Er schien von einem überirdischen Glück bestrahlt.

Nun brauchte er seine Krippe nicht wegzugeben.

Martha aber, die keinen Bissen Brot mehr im Hause hatte, sie lief jammernd hinter ihm her und schalt ihn einen Narren, einen elenden.

Kapsar hörte aber nicht darauf.

Und den zwölfzackigen Stern hielt er voll Glückseligkeit in seiner Hand.

Möbel und Gebrauchsgegenstände aus Naturholz,
sie tragen durch ihre positive, heimelige Ausstrahlung
viel zum persönlichen Wohlbefinden bei.

Sternsinger erleben

Vom „Bandlkramerlandl“ kamen sie in kleinen Gruppen daher. Manchmal nur zwei oder drei Personen. Nicht selten hatten sie auch kleine Kinder mit dabei. Es war die Zeit nach Weihnachten bis hin zum Dreikönigstag.

Dann taten sie etwas, das irgendwie nach Singen klang. Viel deutlicher hingegen war das Handaufhalten und die eifrige Entgegennahme einer „milden Gabe“, „je größer, umso besser“.

Kaspar, Melchior und Balthasar werden seit dem Aufkommen der Legende im 6. Jahrhundert Magier aus dem Morgenland genannt, die nach dem Bericht des Evangelisten Matthäus (2, 1 – 12) von einem Stern zur Krippe in Bethlehem geführt wurden. Sie beteten den Jesusknaben an und brachten ihm als Geschenke Gold, Weihrauch und Myrrhe dar.

Die Jungschar Österreichs hat 1955 die Tradition des Sternsingens aufgegriffen.

Kleine Könige mit großem Herzen malen heuer zur Jahreswende 20-C+M+B-00 über die Eingangstüren.

Mehr als 70.000 Sternsinger sind vom 28. Dezember1999 bis zum 6. Jänner 2000 wieder als Boten des Weihnachtsfriedens unterwegs, um uns die Segenswünsche für den neuen Jahrtausend-Beginn zu überbringen. Sie sammeln auch für eine Million Menschen in der Dritten Welt.

Hunderte Hilfsprojekte werden jährlich von der Dreikönigsaktion unterstützt.

Und nun zu meinem Sternsinger-Erlebnis, besser gesagt, meinen Erlebnissen.

Von China als Missionar zurückgekommen, in das Prämonstratenserstift Geras eingetreten, übernahm ich nach dem Ablauf eines Noviziatsjahres endgültig die Pfarre Harth. Der Gedanke des Sternsingens begeisterte mich, und ich begleitete „meine Buben“ in die insgesamt 250 Haushalte durch die vier Ortschaften, die zu meiner Pfarre gehören.

Da kamen wir in das Haus einer armen Rentnerin, deren Mann gestorben war. Beim Segnen des Hauses kniete sie nieder. Das tat sie aber nicht aus Höflichkeit dem Pfarrer gegenüber, sondern aus tiefer religiöser Überzeugung.

Sie stand dann auf und trat mit einer Bitte an mich heran. Dabei flüsterte sie mir zu, als würde es sich um ein weltbewegendes Geheimnis handeln. „Kennan S' ma“, sagte sie zaghaft, „a mei oidi Goas segnan, daß s' ma meahr Müli gibt?“

„Jo!“ gab ich leise, aber bestimmt zur Antwort: „Des moch i gearn.“ Und so segnete ich die alte Ziege der Frau Wrdroschek, berührt von dem schlichten, jedoch festen Glauben einer armen alten Frau.

Daß die Trunksucht ein Elend ist, auch das konnte ich bei diesen Hausbesuchen feststellen.

Weihnachten bedeutet Frieden statt Krieg, Nahrung statt Kinderarbeit. Jede Spende an die Sternsinger hilft Menschen in der Dritten Welt. Unterstützen wir doch diese »Hilfe unter gutem Stern«!

Bewegend war vor allem das große Vertrauen, das die Familien zu ihrem Seelsorger hatten. Und die Freude, die sie empfanden, daß sich der Priester Zeit nahm, nach der Segnung kurz mit ihnen zu sprechen. Sie kamen oft mit der Bitte um mein Gebet, „daß da Monn nit ollas vasauft".

Großzügig waren die Familien mit ihren Spenden beim Sternsingen.

Sie gaben gleichzeitig auch reichlich Obst, Nüsse und Kuchen für die Sternsinger, die sich die Sachen nach dem Rundgang durch einen Ort in fröhlichem Beisammensein im Pfarrhof dann aufteilen konnten.

Jenes Jahr war gerade ein milder Winter.

Längsseits der Straße fließt ein Bach.

„Schau'n S', Herr Pforra, im Boch, do geht oana!" Einer der Sternsinger zeigt in die besagte Richtung.

Ich schaue hin und sehe, daß dies der Wirklichkeit entspricht. „Bleibst d' steh'n!" Ich laufe über die Wiese, auf der kaum noch Schnee liegt, hin zum Bach.

„Jo Peda, was mochst denn du do? Tuist fisch'n?"

„Na, hoam geh' i!"

Dann redete ich ihm zu. Und half ihm aus dem Bach heraus. Meine Buben nahmen ihn in ihre Mitte und führten ihn heim.

In einer Getreidehandlung beschäftigt, kehrte Peter stets nach der Arbeit im Wirtshaus ein. Und diesmal war es ihm zuviel geworden.

Weihnachten ist das Fest des Lichtes, das uns Erkenntnis und Vertrauen schenkt.

Weihnachten zeigt uns auch den Weg zu den Brüdern und Schwestern.

Eines Tages kamen wir hin zum Forsthaus, das außerhalb der Ortschaft am Waldrand stand. – Es steht zwar heute auch noch dort, wurde aber vom Eigentümer an eine Wiener Familie als Wochenendhaus verkauft, weil der Forstbetrieb mit einem anderen Revier zusammengelegt worden ist.

Als wir Sternsinger uns dem Forsthaus näherten, da kam uns schon „Caro“ bellend entgegen. Es war dies der große, schwarzweiße Münsterländer, der Jagdhund des Oberförsters Johann Specht.

Als mich der Hund erkannte, brach plötzlich sein Lautgeben ab und schweifwedelnd drängte er an mich heran. „Gell, Caro“, sagte ich, „wir beide sind ja gute Freunde. Wir kennen uns vom Kirchengehen her.“

Der Hund blieb ruhig stehen und schaute mich verständnisvoll an. Scheinbar gab er mir recht. Denn diese Behauptung hatte ihre guten Hintergründe.

Oberförster Specht war ein tief religiöser Mensch. Ich habe keinen Sonntag in meiner Pfarre erlebt, an dem er nicht am Gottesdienst teilgenommen hatte. Aber auch „Caro“, sein treuer Jagdgefährte, fehlte nie, sei es im Sommer oder im Winter, bei Schön und auch bei Schlechtwetter.

Und dennoch hielt er Abstand. Außerhalb der Kirche blieb er in einer Fensternische sitzen und wartete geduldig auf seinen Herrn.

Einmal war der Forstmann nach dem Gottesdienst ganz außer sich und kam zu mir in die Sakristei: „Herr Pfarrer, Caro ist verschwunden! Ob ihn vielleicht die Zigeuner mitgenommen haben, die unten an der Salzstraße biwakieren?“

Die Salzstraße ist ein alter Weg, zum Teil als Straße ausgebaut, teilweise ein Feldweg, der von Budweis in Böhmen über meine Pfarre Harth nach Krems führt. Einst wurde darauf Salz transportiert und in Krems dann auf die Schiffe verladen.

„Herr Forstrat, ängstigen Sie sich nicht. Schau'n Sie beim Kleißt rein, auf Nummer 13. Deren ihr ‚Mädi' is heiratslustig. Sicher finden Sie dort Ihren Caro, der dabei ist, auf Brautschau zu gehen."

Und so war es auch.

Während ich mir so meine Gedanken über Caro und sein zutrauliches Verhalten machte, kam auch der Förster beim Haustor heraus, das einen Spalt offengestanden ist.

Auf seinem Rücken trug er einen festen Bund Heu.

„Servus, Herr Pfarrer, gehen Sie hinter mir nach. Dort drüben am Waldrand unter den Vogelbeersträuchern steht die Futterkrippe. – Es wird in wenigen Stunden Schneefall geben, und da brauchen meine Lieblinge im Forst Futterhilfe."

Unsere Sternsingergruppe, wir waren ein dreiviertel Dutzend Leute, ging dem Förster nach.

Wir fragten uns immer noch, was wir denn bei der Futterkrippe zu suchen hätten. Bald aber sollten wir in unserer Unwissenheit belehrt werden, denn der Förster lüftete des Rätsels Geheimnis.

„Herr Pfarrer, segnen Sie von hier aus alle unsere Waldtiere, angefangen vom schlafenden Grimbart über den schnürenden Meister Reineke, bis hin zum Mäusebussard und ebenso dem Habicht – beide nisten hier

im Walde –, aber auch die Bergfinken, die Rehe und Hirsche und selbst die Wildsauen seien nicht vergessen. Ihr Buben aber, schreibt's auf die Futterkrippe euren heiligen Spruch 1957."

Sie taten es.

Und innerlich ergriffen, segnete ich die Tiere des Waldes, die auf ihre Art auch Weihnacht feiern.

Deine Berufung zum Heldentum ist kein Märchen. Die Heiligkeit Gottes im Menschen ist Auftrag, sich vom Elend zu lösen und sich heldenhaft zum „Heiligen" emporzuschwingen.

Das Entscheidende am Heldentum besteht darin, den größten Schwierigkeiten im Dienste des Guten zu trotzen. Denn wir sind zum Mut berufen, zum Großmut nämlich.

Prominente stehen hinter den Sternsingern. Caspar, Melchior und Balthasar werden auch von Dr. Hugo Portisch, Vera Rußwurm, Kardinal Dr. Christoph Schönborn, Rainhard Fendrich, Barbara Stöckl und Toni Polster unterstützt.

Jahre sind inzwischen vergangen. Vom gehlustigen Sternsinger-Pfarrer ist ein alter Sternsinger-Schreiber übriggeblieben. Es ist mir eine Selbstverständlichkeit, mich auch im kommenden Jahr 2000 an der Sternsinger-Aktion zu beteiligen. Und es ehrt mich, daß ich unter diesen „Ehrenkönigen" aufscheinen darf.

Österreich ist ein sozialer Staat geworden, der sich für die Gerechtigkeit einsetzt. Der darauf besteht, so wie es auch die Kirche sagt, daß dem Arbeiter ein gerechter Lohn ausbezahlt wird.

„Die Sternsinger vom Bandlkramerlandl", sie ziehen nicht mehr umher, mehr bittend und bettelnd als singend. Es sind aber die Kinder, Mädel und Buben christlicher Eltern, die, geführt von einem Erwachsenen, von Haus zu Haus gehen und uns allen die frohe Botschaft verkünden:

„Freut Euch, Christus, der Heiland, der Retter der Welt, ist uns geboren!"

Das Terpentinöl besitzt eine anregende und heilende Wirkung auf unsere Atemwege, welche bei einem Nadel-Bad sichtbar wird. Solch ein Bad wird auf folgende Weise zubereitet:
Dem Badewasser drei Liter einer Abkochung
einiger Handvoll Fichten-, Tannen- oder Kiefernnadeln,
grüner Fichten-, Tannen- oder Kiefernzapfen
oder deren junger Zweigspitzen zusetzen.

Spuren im Schnee

Gerne stehe ich manchmal im tiefen Winter am Fenster und schaue hinaus. Umschmeichelt von der Wärme, die aus dem Kachelofen strömt, stärkt dies meine Seele und meinen Geist. Mit gehobenem Gemüt tue ich dies schon deswegen, weil ich einmal von der Last der Arbeit – die ich übrigens liebe – für kurze Zeit befreit bin.

Der Grund für mein Am-Fenster-Stehen und Hinausschauen ist das Fallen der Schneeflocken im Winter, wenn die Temperatur nahe der Nullgrad-Grenze liegt.

Wegen ihrer kristallinen Struktur bestehen die Schneeflocken aus etwa 90 % Luft. So sind sie ausgezeichnete Isolatoren und Schalldämmer. Das bedeutet, daß das Wasser in einer 10 Zentimeter dicken Schneedecke nur einem Zentimeter Regen entspricht.

Schneien und Schneetreiben!

Wenn der Wind so hineinfährt und das Wunderwerk der Schneeflocken durcheinandertreibt, an gewissen Stellen anhäuft und richtige Schneeberge schafft, dann kommt Leben in die scheinbar tote Natur.

Das ist die Zeit, die ich stets geliebt habe, und die ich auch heute noch liebe.

Vor allem sind es die weißen Weihnachten, die so richtig Freude in jedermanns Herz tragen.

Der Schnee gleicht einer Schreibtafel. Die Natur schreibt darauf, und der Naturbeobachter und Naturfreund versteht es, zu lesen. Spuren im Schnee haben mich schon immer begeistert.

Der zweite Weihnachtstag bedeutet für mich alle Jahre einen „Reiß-aus-Tag".

Ein Tag, an dem ich mir selbst gehöre.

Wir stehen in aller Ergriffenheit vor dem Bild christlichen Mutes, wenn wir das Kapitel 7 der Apostelgeschichte lesen. In kurzen Zügen berichtet es über das heldenhafte Sterben des ersten Märtyrers.

Noch hörte ich an einem Stephanitag die Klänge der Flügelhörner vom Kirchturm her nachklingen, die in der Heiligen Nacht ihre Melodien weit über die Dächer des Ortes hinausposaunten. Klänge, die der Welt den Frieden verkündeten. Und dieser Friede breitete seine Schwingen über die Natur aus.

Da ist es stille geworden. Nur hie und da unterbrochen vom Gekrächze einiger Raben, die sich um die kärglichen Reste eines toten Hasen stritten. Reste, die der Fuchs aus Verachtung hatte liegenlassen.

Als ich die Landstraße verlassen hatte und in den verschneiten Feldweg einbog, dessen Ränder mir nur mehr die vom Schnee beladenen Stengelreste der Schafgarbe und des Johanniskrautes anzeigten, da fiel mir eine Hufspur auf.

Ich blieb stehen und hörte mir die Sprache dieser Spur an. Es war ein leichtes Pferd, kein Noriker.

„Jo da Holzinger-Gustl!", so entrang es sich meiner Kehle. – Es war dies damals ein kaum der Schulpflicht entwachsenes Bürscherl, dessen Vater ein ausgezeichneter Bläser und Eigentümer zweier großer Bauernwirtschaften war.

Als mich der Bursch erkannte, befahl er dem Pferd „Steh'n", und es stand da wie „ein gemalener Türk".

Bald wußte ich, daß der Vater dieses Reitpferd von Weihnachten bis Dreikönig als Einstellpferd von einem Wiener Musikerkollegen übernommen hatte. Gustl sollte das Pferd „in Trab halten".

Als ich dann wieder allein dem Waldrand entlangging, folgte ich einer Schlittenspur. Es war ein Handschlitten von einem „Zweihufer", einem Manne.

Dann machte ich im Respektabstand vor einer Wildfütterungsstelle halt. Ich drückte mich ganz nahe an die mannsstarken Föhrenstämme heran, um das eifrige Treiben dort nicht allzusehr zu stören.

Eine Kette Rebhühner war bereits auf mich aufmerksam geworden und davongestoben.

Die kräftigen Beine dieser Hühnervögel haben ausgesprochene Geh- oder Lauffüße. Die drei nach vorn gerichteten Zehen sind kräftig und haben starke, stumpfe Krallen, die gut dazu geeignet sind, in der Erde nach Nahrung zu scharren. Diese Krallen werden gewöhnlich in dem Tritt deutliche Zeichen hinterlassen.

Nun richtete ich meinen Blick gegen Westen und sah, wie sich ein dickes Wolkenknäuel anhäufte, das rasch vorwärtsdrängte.

Und dann? Ein Windstoß setzte ein und zwang ein Schneegestöber herbei.

Alter Schnee wurde aufgewirbelt. Neuer Schnee begann zu fallen. Ich mußte meinen Blick senken und war nahe daran, umzukehren und heimwärts zu stapfen,

Die Sinnsprache
des Schnees,
sie ist vielfältig:
Wertvolle Schutzdecke,
unter der neues Leben
sprießt.
Wasserspeicher
für das Frühlingsgrünen.
Tod mancher Bäume,
die brechen und sterben.
Freudenspender
für viele Sportfreunde.
Und Lust der Kinder,
die Schneebälle werfen.

da entdeckte ich alte Spuren, die bisweilen verdeckt waren.

Fast ein Weltbürger ist das Wildschwein heute. Sein Lebensraum sind Laub- und Mischwälder. Diese sollten genügend Deckung bieten und sumpfige Stellen aufweisen, denn Wildschweine suhlen sich gerne im Schlamm. Sie leben fast immer in Rotten.

Und einer solchen Rotte dürfte ich jetzt auf die Spur gekommen sein.

Frau Holle läßt es schneien. Und was dann?

Es zwitschert einer in der verschneiten Kiefer auf und weiß sich nicht genugzutun, um rund um das Geburtsfest des Herrn den weißen Samt zu loben.

„Und ob ich lustig bin", zirpt der Kreuzschnabel. Er hüpft schon wieder im Gezweig auf und ab, ab und auf. Die ganze Welt soll es wissen: „Daß meine Frau sieben Kindlein erwartet. Und daß Frau Holle dieser Tage hier in unserer Nachbarschaft wohnt."

Aber die Tage um Weihnachten wurden kalt. Der See, der an den Forst grenzt, fror zu. Alle Tiere rundherum litten große Not.

Die Krähen flogen bis zu den Schutthalden am Rand der Stadt und bissen sich mit den Dohlen.

Da kommt ein Kreuzschnabel-Paar daher. Dicht am Seeufer bauen sie hoch oben auf einer alten Kiefer ihr Nest. Ein unverzagtes Völkchen ist das.

Wenn alle Vögel frieren, werden ihre Herzen weich. Sie feiern Hochzeit, dort wo Schnee und Eis das große Wort reden. Frau Holle schaut lächelnd zu, wenn sich die Kleinen aus den Schalen picken.

Da ergriff das Elternpaar große Angst. Denn die schlimmen Krähen, sie machten von Tag zu Tag die Gegend unsicherer. Sie sind darauf spezialisiert, die Nester der kleinen Vögel auszunehmen, und sind jedem gram, der nicht zu ihnen gehört.

Von Zweig zu Zweig hüpfte der Kreuzschnabel-Mann, auf und ab, hin und her. Er wußte gar nicht, wie er Frau und Nest verbergen sollte.

„Ach!" schrie er endlich in seiner Not: „Wenn unsere Frau Holle davon wüßte, die würde helfen."

Und in seiner väterlichen Fürsorge wagte er es und flog, gerade als ihn das böse Räubergesindel erspäht hatte, aus dem Tanndicht quer über den See, bat und zirpte, so laut er konnte: „Frau Holle, hilf meinem Weib, hilf meinen kleinen, kleinen Kinderchen!"

Frau Holle stand ganz nahe neben dem verzweifelten Vater, aber unsichtbar und unaufdringlich blieb sie. Ihr holdes Antlitz wurde ganz breit, so breit wie eine schwangere Wolke.

Da fielen, als die Krähen schon auf den Vogelvater zustoßen wollten, einige dichte Schneeflocken. Sie blendeten die Diebesbande im Flug. Und gleich darauf fiel mehr und mehr Schnee.

Es begann so stark zu schneien, daß kein Mensch mehr die Hand vor den Augen erkennen konnte. Eine große, eine riesengroße Wolke wehte über den See.

Unabsehbar, immer dichter sank der Schnee auf das blaue Eis, sodaß niemand mehr auf den Grund zu schauen vermochte.

Der Schnee bedeckte die Kiefern und Tannen, kein Auge konnte in ihr dichtes Inneres eindringen.

Er hat die brütenden Kreuzschnäbel wie eine mütterliche Decke warm und sicher eingehüllt.

Die Krähen haben lange dagegen angeschrien.

Schimpfend und scheltend sind sie hin- und hergeflogen. Aber all ihr Gekrächze hat ihnen nichts geholfen.

Die kleinen Kreuzschnäbelein hingegen haben es gut gehabt. Sie wissen jetzt wieder, daß Frau Holle allen Liebenden just im tiefen Winter hilft.

Die Heckenrose mit ihren rotglänzenden Früchten schenkt uns ein wertvolles Hausmittel in den Hagebutten.
Diese Früchte werden im Spätherbst gesammelt,
nachdem sie der Reif erweicht hat.
Daheim im Backrohr gut nachgetrocknet,
ergeben sie einen wertvollen Haustee,
welcher unsere Abwehrkräfte bestens stärkt.
Diesen Tee soll man früh und abends schluckweise trinken.

Die Rosenkranz-Beterin

Wer die „Naturfreude" in seinem Herzen zu erleben vermag, der feiert unablässig Advent. Der geht ohne Unterlaß Weihnachten entgegen. Ich will Sie dorthin begleiten.

Die Natur ist Gottes großes Bilderbuch, darin wir unser ganzes Leben lang blättern. Wie schön und bedeutungsvoll ist dieses Buch. Und doch laufen so viele daran vorüber, mit blinden Augen und kalten Herzen, wie törichte Kinder.

Wie wundervoll ist das weite, wogende Feld im goldenen Sonnenglanz, vom Wald umrahmt, vom blauen Himmel überspannt!

Und wenn die Sonne hinter dem Purpurvorhang im Westen schlafen gegangen ist und die Nacht ihre schwarzen Schleier über die ruhende Welt hier unten ausbreitet, dann schauen von oben viele tausend neugierige Sternenaugen nieder, hier mit festem, funkelndem Blick, dort mit schlaftrunkenem Blinzeln. Und immer mehr, immer neue tauchen an der weiten Wölbung auf. Einer mit Diamanten übersäten Unendlichkeit gleicht dies.

Auch das Alltägliche und Kleine in diesem Bilderbuch ist schön. Nimm nur einen einzigen Grashalm und schau ihn dir genau an!

Friede auf Erden
gibt es nur dann,
wenn Gläubige
sich zusammentun und
die Politik des Hasses,
unterschiedliche
Behandlung
und Intoleranz
energisch verwerfen.
Gerade zur Weihnacht
wollen wir beten:
»Herr,
schenke der Welt
den Frieden!«

Er ist ein Kunstwerk in seiner ganzen Ausführung, nicht schlecht und recht zusammengeschmiedet, sondern wie mit liebevoller, kluger Hand herausgearbeitet. Selbst die klügste und geduldigste Künstlerhand brächte einen solchen Halm nicht fertig, das sagt dir schon das bloße Auge.

Dann erst das Leben in diesem Gottesbilderbuch!

Alles keimt und wächst und blüht, duftet und singt, kriecht und fliegt und flattert und springt. Selbst die Farben kommen und gehen, wachsen und wechseln.

All die tausend und abertausend Geschöpfe sind Boten des mächtigen Schöpfers.

In der Natur, in Seinem Bilderbuch, feiert Er einen immerwährenden Advent. Denn Er wird stets aufs neue geboren in Seinen wunderbaren Werken.

Es ist die Zeit des Vollmondes. Die große rote Scheibe hängt so unsicher am fast hellen Himmel, als würde sie jeden Augenblick in das Meer stürzen, das sich hier ganz unscheinbar mit dem Perlfluß-Delta vermählt. Süßsalzige Luft, von Fluß und Meer geprägt, mit dem klaren Nebengeschmack von schlammiger Lößerde, streicht mir um das Gesicht.

Der Zweite Weltkrieg war zu Ende gegangen. China wurde den großen Siegermächten beigezählt und erhielt unter Präsident Tschiang Kai-schek eine Stimme im Weltsicherheitsrat.

1946 hat der Vatikan in China 108 Kirchenbereiche zu Diözesen ernannt. Somit war die Kirche hier selbständig und erlebte in ganz kurzer Zeit eine ungeahnte Entwicklung. Neue Missionare kamen.

Für mich begann das Reisen ins Innere Chinas. Und Bücher wurden in alle Teile des Landes verschickt. Eine Lawine schien losgetreten zu sein.

Mitten in der Adventzeit war ich eine Woche lang unterwegs. Den Perlfluß ging es in einer chinesischen Dschunke hinauf. Dann zweigte ich in den Tungkiang-Fluß ab, um die Residenz des amerikanischen Bischofs Rudolf Pashang zu erreichen.

Das Boot, das mich an mein Ziel brachte, war Wohnstatt einer ganzen Familie. Die, wie sich bald herausstellte, katholisch war.

Da fiel mir auf, daß die Frau mehrmals am Tag ihre Arbeit unterbrach und in einer Ecke niederkniete. Von ihren gefalteten Händen hing die Perlenkette des Rosenkranzes herab. Dreimal am Tag betete sie, und zwar täglich den Glorreichen, den Freudenreichen und den Schmerzhaften Rosenkranz.

Nach dem Grund befragt, gab sie mir zur Antwort: „Es kommt doch bald Weihnachten, und da soll der Heiland in vielen Herzen unseres Volkes geboren werden. Durch mein armseliges Gebet möchte ich den Boden der Herzen vieler Menschen fruchtbar machen. Gott der Herr helfe mir dabei!"

Die Rosenkranz-Beterin im Advent auf dem Perlfluß sehe ich Jahr für Jahr im Geiste an meiner Seite.

Sie fordert mich auf, den Weg zur Krippe mit dem Rosenkranz in der Hand zu gehen.

Traum meiner Seele

Sie standen neben mir am Sterbebett eines betagten Mannes, meines Großvaters. Lange hatte der Kampf mit dem Tod angehalten. Nun war er beendet, der Kampf. Und der Tod blieb Sieger.

„Gell Mutti, jetzt floigt de Sööl des Opa in Himmel, und sei Schutzengel weist eahm."

Eine kindliche Darstellung, die der Wirklichkeit nicht widerspricht.

Die Schwerkraft bindet unseren Körper fest an die Erde, unsere Welt. Unser Geist aber ist beweglich. Er kann die materielle Hülle durchbrechen. Kann Zeiten überbrücken, aus der Vergangenheit schöpfen und in das Wunschland der Zukunft reisen.

Da träumt einer mit offenen Augen am hellichten Tag. – So will ich jetzt meine 80 Kilo Leibhaftigkeit alleine lassen. Will aus der Hülle schlüpfen und ganz einfach träumen.

Der Vorgang des Träumens setzt dann ein, wenn unser „Verstand", der den Gesetzen des Tages gehorcht, aussetzt oder vielmehr ausgeschaltet wird.

Das geschieht im Schlaf, wobei sich das Bewußtsein, unsere Beziehung zur Wirklichkeit, verschiebt, während die Phantasieschwünge immer lebhafter und bildhafter werden.

So hängen die mit Goldfarbe bemalten Walnüsse auf dem Christbaum meiner Kindertage. Die Frucht wurde vorher schon herausgenommen und von der Mutter für die Weihnachtsbäckerei verwendet.

Viele Jahrzehnte später nehme ich mir eine Nußschalenhälfte, setze mich hinein und mache meine Traumfahrten.

Ich, unterwegs in einem Luftschifflein, bin mein eigener Pilot. Und das schafft mir ein wahres Vergnügen.

Zweitausend Jahre zurück geht der Kurs.

Vor einem kleinen Haus halte ich an und schaue bei einem Fensterlein hinein in eine saubere Stube. Welch eine Überraschung wird mir hier zuteil.

Eine Jungfrau rein steht da. Ein Engel des Herrn, schwerelos, schwebt vor ihr und „bringt Maria die Botschaft". – Demütig neigt sie sich und bekennt offen: „Siehe, ich bin die Magd des Herrn, mir geschehe nach deinem Wort."

Und dann geschah das Wunderbare: „Das Wort ist Fleisch geworden."

Da hebt sich mein Schifflein empor, und ich überfliege die Landschaft von Judäa. Wer kommt da des Weges? Ein Mann, allem Anschein nach ein Handwerker, ein Zimmermann. Er führt einen Esel am Halfter. Eine hochschwangere Frau sitzt auf dem Tier.

Es wird Abend. Die Sonne verkriecht sich.

Die Frau spürt, daß gekommen ist die Zeit der Niederkunft. Sie klopfen an.

„Wer da?"

„Zwei gar arme Leut', o gebt uns Herberg heut'."

Die Bitten verklingen.

Da und dort wird ihnen ein „Geht fort, kein Platz für Euch!“ an den Kopf geworfen.

„Hosianna dem Sohne Davids“, so singen später die Engel im Chor.

Christus der Herr wurde in einem Stall geboren.

In einer Krippe auf Stroh.

Träume kommen wie Gespenster in der Nacht.

Sie sind mit dem Geheimnis des Unerklärlichen umgeben. Doch sie haben eine Sprache. Eine Aufgabe, eine Sendung.

Träume zeigen uns Bilder und Ereignisse, die wir zu deuten versuchen.

Gleich anderen Völkern des Nahen Ostens glaubten die Hebräer, manche Träume seien göttliche Botschaften, welche die Menschen befolgen sollten. Die Bibel enthält viele solche „göttlichen“ Träume.

„Mit der Geburt Jesu Christi war es so: Maria, seine Mutter, war mit Josef verlobt; noch bevor sie zusammengekommen waren, zeigte sich, daß sie ein Kind erwartete – durch das Wirken des Heiligen Geistes.

Josef, ihr Mann, der gerecht war und sie nicht bloßstellen wollte, beschloß, sich in aller Stille von ihr zu trennen.

Während er noch darüber nachdachte, erschien ihm ein Engel des Herrn im Traum und sagte: Josef, Sohn Davids, fürchte dich nicht, Maria als deine Frau zu dir zu nehmen; denn das Kind, das sie erwartet, ist vom Heiligen Geist. Sie wird einen Sohn gebären; ihm sollst du den Namen Jesus geben; denn er wird sein Volk von seinen Sünden erlösen.

Dies alles ist geschehen, damit sich erfüllte, was der Herr durch den Propheten gesagt hat: Seht, die Jungfrau wird ein Kind empfangen, einen Sohn wird sie gebären, und man wird ihm den Namen Immanuel geben, das heißt übersetzt: Gott ist mit uns.

Als Josef erwachte, tat er, was der Engel des Herrn ihm befohlen hatte, und nahm seine Frau zu sich." (Mt 1, 18–24)

Da auf einmal geschah es.

Meine Luft-Traumfahrt in einem goldenen Nußschalen-Schifflein war abrupt zu Ende.

Die Metamorphose, die Verwandlung, geschah.

Und ich saß als Stieglitz auf einem Zweig und sang mein „Stigelitt". In meinem auffallenden schwarz-weiß-rot-gelben Federkleid war ich ein überaus hübscher Vogel.

Dann flog ich dahin. Es zeigten sich der weiße Bürzel und die gelben Flügelbinden im Fluge.

Nun leuchten sie auf, die Lichter am Adventkranz. Wer sie entzündet, der sagt nicht nur ein Ja zu einem frommen Brauch, zu einer lieben Kindheitserinnerung, sondern er sagt auch ein Ja dazu, daß Gott durch ihn Licht für die Welt sein möchte, um so im alltäglichen Leben erfahrbar zu werden.

Vom Kirschbaum habe ich einen Zweig gebrochen. Steckst du den, o Mensch, ins Wasser und läßt ihn im warmen Raum stehen, dann blüht er zu Weihnachten.

Aber den Termin nicht verpassen: am 4. Dezember ist Barbara-Tag!

Und warum gerade an diesem Tag?

Im Advent,
da erfüllt sich
die Botschaft
des Engels Gabriel
an Maria:
»Du bist gebenedeit
unter den Frauen.«
Die Zustimmung Mariae
war die Voraussetzung
der Menschwerdung
Christi.
Heilige Jungfrau Maria,
ohne dein Ja gäbe es
keine Heilige Nacht.
Danke, o Maria!

Weil uns die Legende davon erzählt, als würde es sich um eine Romanfigur handeln. Der heidnische Vater habe Barbara in einen Turm gesperrt. Dort sei sie auf wunderbare Weise durch die Eucharistie gestärkt worden. Zuletzt habe der Vater seine Tochter, die ihren Glauben nicht verleugnen wollte, dem Gericht ausgeliefert, das Barbara nach grausamer Marterung zum Tode verurteilte.

Die heilige Barbara gehört zum Kreis der vierzehn Nothelfer.

Auf dem Weg ins Gefängnis verfing sich ein Kirschenzweig in ihrem Kleid. Den stellte Barbara in einen kleinen Krug mit Wasser.

Und an jenem Tag, an dem der Zweig aufblühte, wurde sie zum Tode verurteilt.

„Du schienst wie tot", sagte Barbara zu dem Zweig. „Aber du bist aufgeblüht zu schönerem Leben. So wird es auch mit meinem Tod sein. Ich werde zu neuem, zu ewigem Leben aufblühen."

Ganz Auge und Ohr war ich für das, was der Stieglitz mir erzählte.

Dann aber fielen mir die Augen zu. Und als ich sie wieder auftat, halb schläfrig noch, was sah ich da?

Einen goldenen Krummstab und eine hohe Spitzhaube über dem Antlitz eines gütigen alten Mannes mit langem, weißem Vollbart. Aus einem vollen Geschenkkorb verteilt er Geschenke an Kinder mit fröhlichen Gesichtern. – Na und! Ist das alles?

„Und wer sitzt oben auf der Bogenhöhe des Krummstabes? Hmmm!?" frage ich bewußt einen bestimmten Spitzbuben im bunten Federkleid.

Er singt mit glockenheller Stimme: „Sankt Nikolaus hat Gottesliebe und Güte zu den Menschen getragen. Er hat den Menschen gezeigt, daß es möglich ist, in Frieden miteinander auszukommen und zu helfen, wenn sie in Not sind."

Und wenn sich die Menschen streiten, ob am 8. Dezember die Geschäfte offenhalten dürfen, da liegt das Problem ganz woanders.

Nicht die Geschäfte, hingegen die Herzen öffnen.

„Ja, die Herzen zu öffnen mit dem Blick auf Christus, das ist die Einladung des Marienfestes. Das kostbarste Weihnachtsgeschenk ist vor allem Zeit, die ein Mensch dem anderen schenkt."

Ein Glockenschlag!

Dann noch einer. Und weitere folgen!

Fort ist der Stieglitz.

Der Traum ist vorbei.

Ich befinde mich in meinem Bett.

Der Glockenschlag der Turmuhr hat mich der Wirklichkeit zurückgegeben.

In meinen Ohren erklingt nun eine bekannte Melodie: „Christ ist erschienen, um für uns zu sühnen! Freue, freue dich, o Christenheit!"

Da falte ich die Hände. Still, aber andächtig bete ich in meinem Herzen: „Unser Vater im Himmel! Dein Sohn Jesus Christus kam auf unsere Erde, um unser Bruder zu werden. Mit frohem Herzen danken wir Dir an seinem Geburtstag.

Viele Menschen sind traurig. Mach sie froh durch die Botschaft von der Heiligen Nacht.

Viele Menschen auf der weiten Welt sind einsam, verlassen, krank und hungrig. Laß sie Freunde finden, die ihnen helfen.

Laß unsere Verstorbenen bei Dir ganz glücklich sein.

Segne, Herr, alle, die das Weihnachtsfest feiern, und begleite sie an allen ihren Tagen.

Gott, laß mich nicht für mich allein glücklich sein wollen, sondern laß mich meine Freude in der Freude der anderen Menschen suchen.

Denn Du, himmlischer Vater, willst, daß wir einander die Liebe weitergeben, die Dein Sohn uns in Fülle geschenkt hat. Hilf uns dazu durch Christus, unseren Herrn. Amen."

Hermann-Josef Weidinger

Geboren 1918 in Riegersburg/NÖ., verbrachte viele Jahre als Missionar in China, bevor er in das Stift Geras eintrat, dessen Pfarre Harth er als Seelsorger immer noch betreut.
Seine segensreiche Tätigkeit als „Kräuterpfarrer" hat ihn weit über die Grenzen Österreichs hinaus bekannt gemacht.
Seine Bücher „Guter Morgentip vom Kräuterpfarrer", „Kräuter für die Seele" und „Grüne Oase ums Haus", alle im NP Buchverlag erschienen, wurden zu Bestsellern.